第三批國家珍貴古籍名錄圖錄

第五册

中國國家圖書館
中國國家古籍保護中心 編

國家圖書館出版社

第五册目録

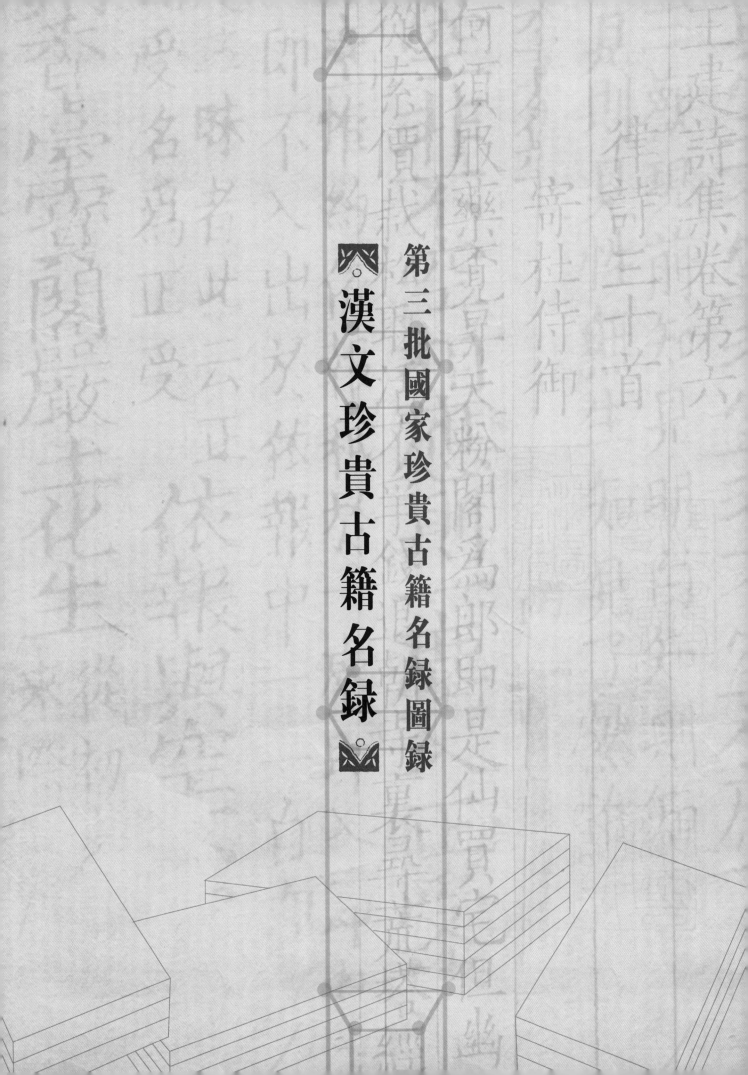

第三批國家珍貴古籍名録圖録

漢文珍貴古籍名録

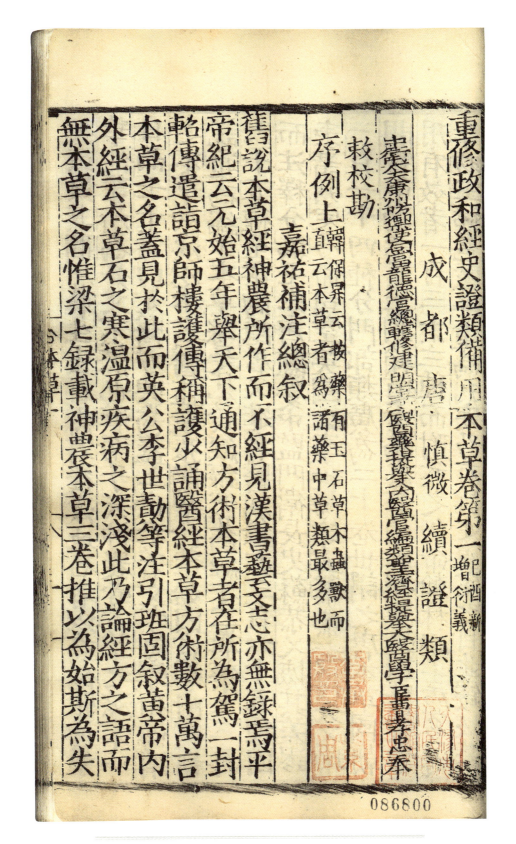

08378、08379 重修政和經史證類備用本草三十卷 （宋）唐慎微撰

（宋）寇宗奭衍義 明嘉靖十六年（1537）楚府崇本書院刻本

匡高26厘米，廣17.1厘米。半葉十二行，行二十三字，小字雙行同，白口，

四周單邊。有"嘉靖丁酉孟春月吉楚府崇本書院重刊"牌記。天津圖書館

藏；吉林省圖書館藏，有抄配。

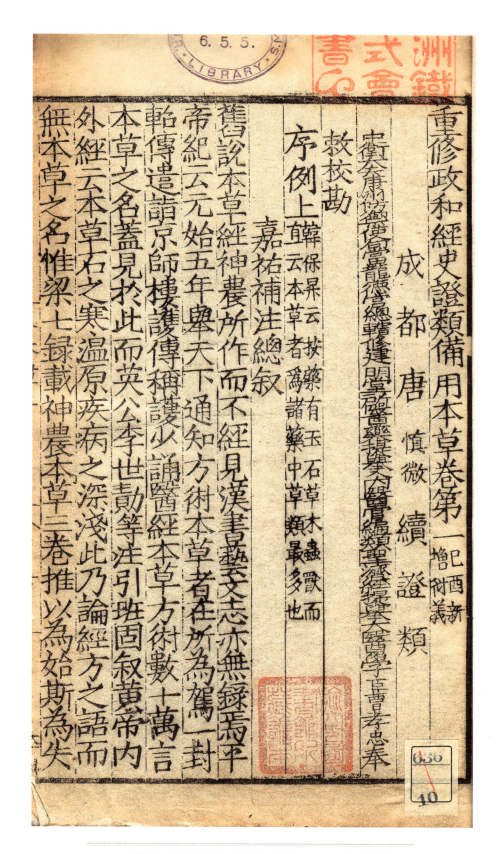

08380 重修政和經史證類備用本草三十卷（宋）唐慎微撰 （宋）寇

宗奭衍義　明嘉靖三十一年（1552）周琉、李遷刻本（有抄配）

匡高25.8厘米，廣17厘米。半葉十二行，行二十三字，小字雙行同，白口，

四周單邊。大連圖書館藏。

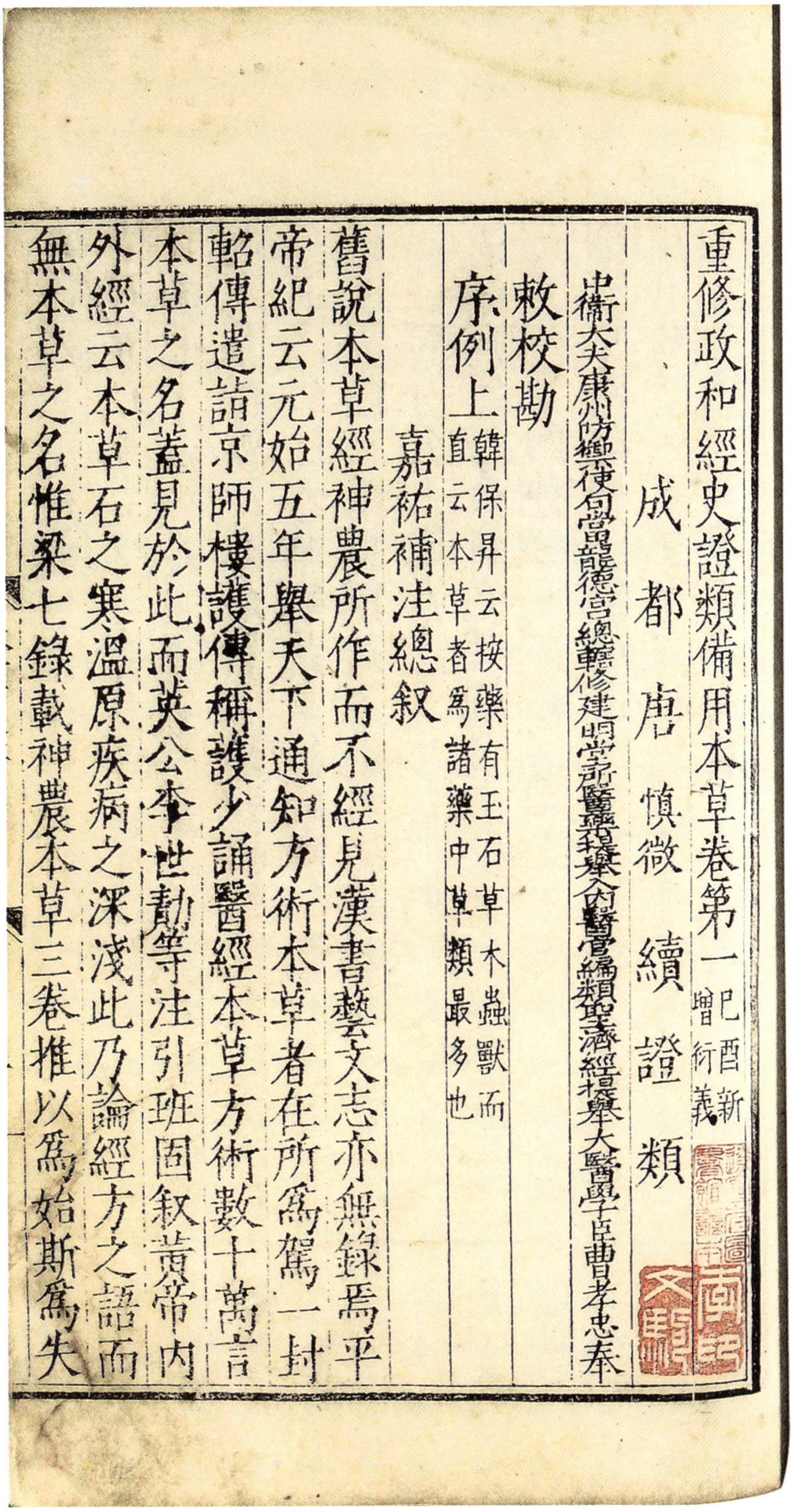
重修政和經史證類備用本草卷第一 己酉新增衍義
成都唐愼微續證類
中衛大夫康州防禦使句當龍德宫總轄修建明堂所醫藥提舉入内醫官編類聖濟經提舉大醫學臣曹孝忠奉
敕校勘
序例上 韓保昇云按藥有玉石草木蟲獸而直云本草者爲諸藥中草類最多也
嘉祐補注總叙
舊說本草經神農所作而不經見漢書藝文志亦無錄焉平
帝紀云元始五年舉天下通知方術本草者在所爲駕一封
軺傳遣詣京師樓護傳稱護少誦醫經本草方術數十萬言
本草之名蓋見於此而英公李世勣等注引班固叙黄帝内
外經云本草石之寒溫原疾病之深淺此乃論經方之語而
無本草之名惟梁七錄載神農本草三卷推以爲始斯爲失

08381 重修政和經史證類備用本草三十卷 （宋）唐慎微撰 （宋）寇宗奭衍義 明隆慶六年（1572）施篤臣、曹科刻公文紙印本

匡高26.5厘米，廣17.2厘米。半葉十二行，行二十三字，小字雙行同，白口，四周雙邊。羅振玉跋。遼寧省圖書館藏。

刻食物本草序

飲食所以養生亦有時而傷生何也凡食物

諸品莫不有陰陽五行具焉漫不察其寒温

燥濕之性順逆宜忌之因而惟柔頤拂經是

縱爲害不滋大乎故本草一書昉於神農而

周禮命之官屬如芹菹蚔蝝醢醬梅薤牛宿

烏蔚之類纖細靡遺其爲慮甚詳而爲防甚

密世儒不察疑非周公之書殆未知先王禔

08382 食物本草二卷 　明隆慶四年（1570）谷中虛刻本

匡高24.6厘米，廣15.3厘米。半葉九行，行二十字，白口，四周雙邊。中國
醫科大學圖書館藏。

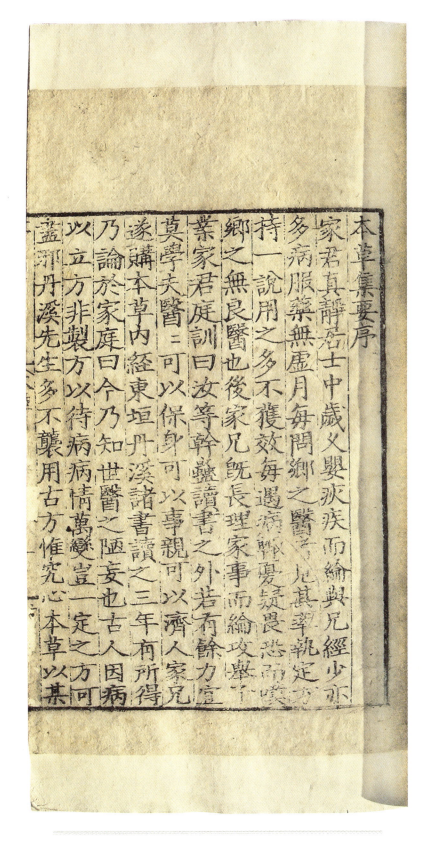

08383 本草集要八卷 （明）王綸撰　明正德五年（1510）羅汝聲刻本

匡高17厘米，廣12.5厘米。半葉十一行，行十九字，白口，四周單邊。中國
醫科大學圖書館藏，存五卷。

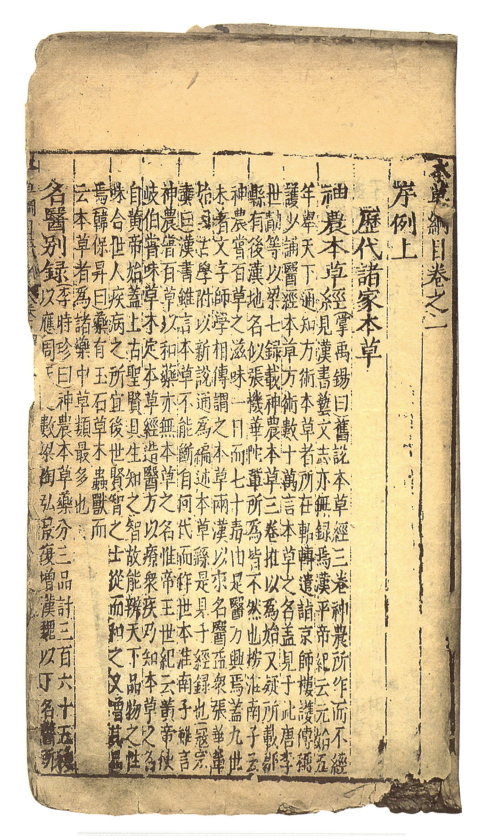

08384 本草綱目五十二卷圖二卷 （明）李時珍撰　明萬曆二十一年
（1593）金陵胡承龍刻明重修本
匡高20厘米，廣13.8厘米。半葉十二行，行二十四字，小字雙行同，白口，
四周單邊。白河書齋藏。

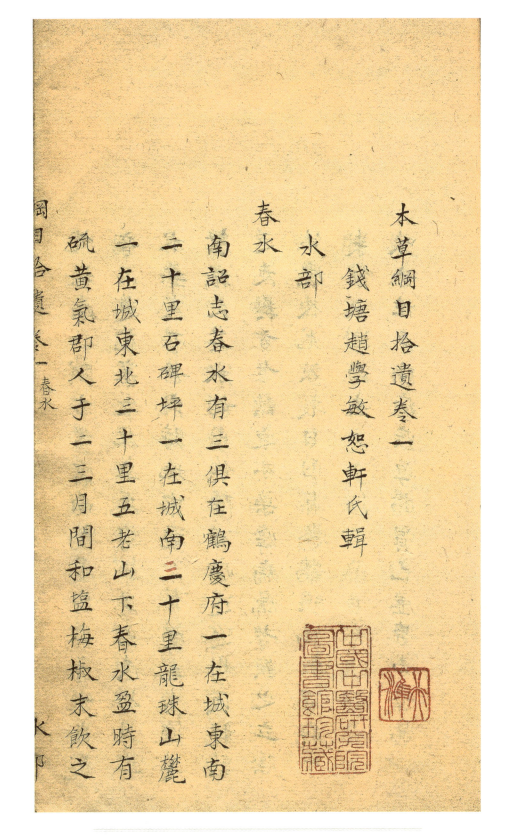

本草綱目拾遺卷一

錢塘趙學敏恕軒氏輯

水部

春水

南詔志春水有三俱在鶴慶府一在城東南
二十里石碑坪一在城南三十里龍珠山麓
一在城東北三十里五老山下春水盈時有
硫黃氣郡人于二三月間和鹽梅椒末飲之

閩目拾遺卷一 春水

**08385　本草綱目拾遺十卷首一卷　（清）趙學敏輯　清抄本（張氏吉心
堂刊行底本）**
半葉八行，行十八字，小字雙行同。中國中醫科學院圖書館藏。

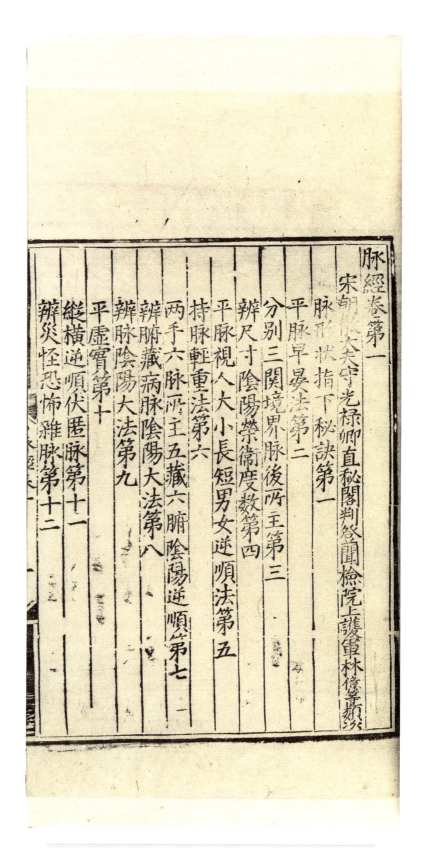

脉經卷第一

宋朝奉郎大夫守光禄卿直秘閣判登聞檢院上護軍林億等類次

脉形狀指下秘訣第一

平脉早晏法第二

分別三関境界脉後病王第三

辨尺寸陰陽榮衞度數第四

平脉視人大小長短男女逆順法第五

持脉輕重法第六

兩手六脉所主五藏六腑陰陽逆順篇第七

辨藏病脉陰陽大法第八

辨脉陰陽大法第九

平虛實第十

縱橫逆順伏匿脉第十一

辨災怪恐怖雜脉第十二

08386　脉經十卷　（晉）王叔和撰　（宋）林億等校定　明成化十年
（1474）畢玉刻本

匡高18厘米，廣13.8厘米。半葉十四行，行二十字，黑口，四周雙邊。葉德
輝跋。國家圖書館藏。

王氏脈經卷第一

朝散大夫守光禄卿直秘閣判登聞檢院上護國軍林億等類次

脈形狀指下秘訣第一

平脈早晏法第二

分別三關境界脈候所主第三

辯尺寸陰陽榮衛度數第四

平脈視人大小長短男女逆順法第五

持脈輕重法第六

趙府居敬堂

08387 王氏脈經十卷 〔晉〕王叔和撰 〔宋〕林億等校定 明趙府居敬
堂刻本
匡高17厘米，廣12.5厘米。半葉八行，行十七字，細黑口，四周雙邊。華中
科技大學圖書館醫學分館藏。

金匱要略方卷上

漢張仲景述 晉王叔和集 臣林億等詮次

閒曰上工治未病何也師曰夫治未病者見肝之病知肝傳脾
當先實脾四季脾正不受邪即勿補之中工不曉相傳見肝之
病不解實脾惟治肝也夫肝之病補用酸助用焦苦益用甘味
之藥調之酸入肝焦苦入心甘入脾脾能傷腎腎氣微弱則水
不行水不行則心火氣盛則傷肺肺被傷則金氣不行
金氣不行則肝氣盛則肝自愈此治肝補之要妙也肝虛則用
此法實則不在用之經云虛虛實實補不足損有餘是其義也
餘藏準此夫人稟五常因風氣而生長風氣雖能生萬物亦能
害萬物如水能浮舟亦能覆舟若五藏元真通暢人即安和客
氣邪風中人多死千般疢難不越三條一者經絡受邪入藏府

（朱批）火氣盛則傷肺 火字上落一心字
則肝自愈 藏三字
則肝自愈 藏字上落肝氣
此治肝補之 里妙一論字 補字下落

08388 金匱要略方三卷 （漢）張機撰 （晉）王叔和輯 （宋）林億詮次

明洪武二十八年（1395）吳遷抄本

匡高23.8厘米，廣16.7厘米。半葉十二行，行二十四字，小字雙行同，白口，四周單邊。有"徐乃昌讀"等印。徐乃昌跋。上海圖書館藏。

聖濟經解義卷第一

御製

體真篇

臣言天地之所以造物與物之所以受命者有至真
存焉致精即誠而天下之純粹在是矣
皇帝陛下達道之妙斯能體此而造化之理具變化
云為自此出矣故以體真名篇而冠諸首

陰陽適平章第一

天地設位妙功用於乾坤日月著明託精神於離坎一降
一升相推而成寒暑一顯一晦相溫而成晝夜
臣言天位乎上地位乎下天地之設位也天地設位特

08389　聖濟經解義十卷　（宋）吳禔撰　明嗣雅堂抄本

匡高21.3厘米，廣15.3厘米。半葉十一行，行二十二字，藍格，白口，四周
單邊。浙江圖書館藏，存一卷。

醫說卷第一

歷代名醫

宋新安張景季明集

三皇

太昊宓犧氏

宓犧氏以木德王風姓也一曰庖犧氏亦曰太昊蛇
首人身生有聖德母號華胥都於陳作瑟有三十六
絃其理天下也仰則觀象於天俯則觀法於地鳥獸
之文與地之宜近取諸身遠取諸物於是造書契以
代結繩之政畫八卦以通神明之德以類萬物之情

08390 醫說十卷 （宋）張杲撰　明嘉靖二十二年（1543）張子立刻本

匡高19.4厘米，廣14.4厘米。半葉十行，行二十字，白口，左右雙邊。山東省圖書館藏。

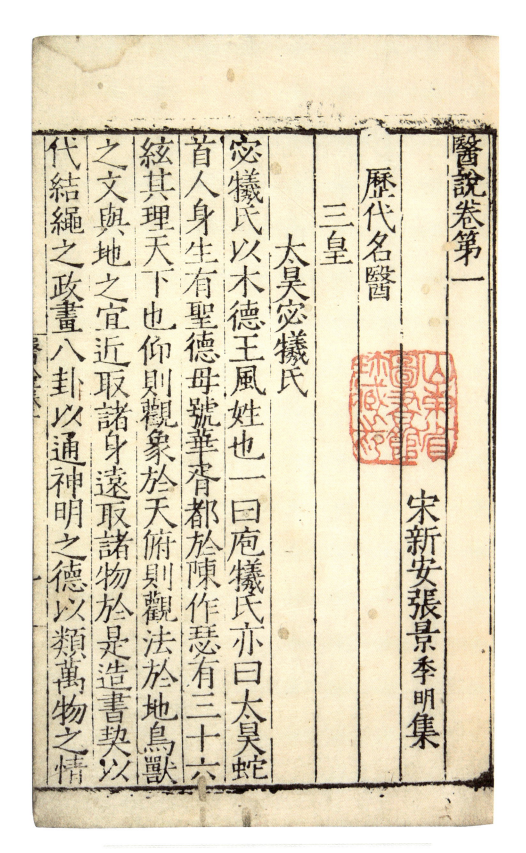

代結繩之政畫八卦以通神明之德以類萬物之情

之文與地之宜近取諸身遠取諸物於是造書契以

絲其理天下也仰則觀象於天俯則觀法於地鳥獸

首人身生有聖德母號華胥都於陳作瑟有三十六

宓犧氏以木德王風姓也一曰庖犧氏亦曰太昊蛇

太昊宓犧氏

三皇

歷代名醫

醫說卷第一

宋新安張景季明集

08391 醫說十卷 （宋）張杲撰　明嘉靖二十九年（1550）傅鳳翔刻本

匡高19.8厘米，廣14.3厘米。半葉十行，行二十字，白口，左右雙邊。山東省圖書館藏。

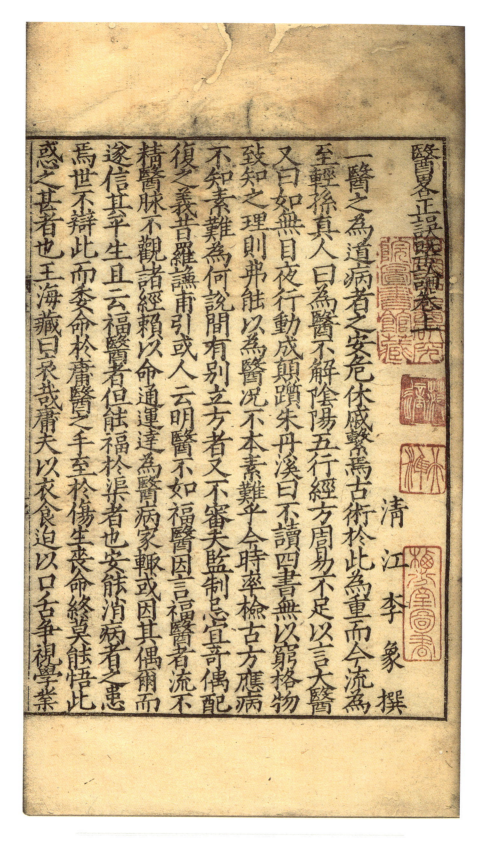

08392 醫暑正誤概論二卷 （明）李象撰 明嘉靖刻本

匡高18.3厘米，廣14厘米。半葉十二行，行二十四字，小字雙行同，白口，四周單邊。中國中醫科學院圖書館藏。

醫壘元戎卷第一

趙州教授（無提舉管内醫學王好古進之纂次

江夏後學羅練鄧　正初補校

劉當郁文盛重録

傷寒之源

帝曰人傷于寒而傳為熱何也岐伯曰夫寒盛則生
熱也寒氣外凝内欝之理腠理堅緻玄府閉緻則氣
不宣通濕氣内結中外相薄寒盛熱生故人傷于寒
轉而為熱汗之而愈則外凝内欝之理可知斯乃新
病數日者也今風寒客于人使人毫毛畢直皮膚閉
而為熱當是之時可汗而發也　海藏云傷寒冬傷
醫壘元戎　　二

08393　醫壘元戎十二卷　（元）王好古撰　明嘉靖二十二年（1543）顧

遂刻本

匡高18厘米，廣13.6厘米。半葉十一行，行二十字，小字雙行同，白口，四

周單邊。上海中醫藥大學圖書信息中心藏。

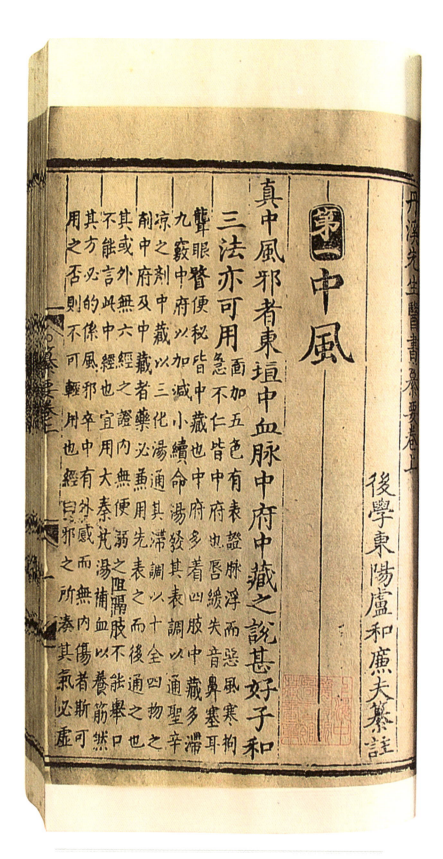

08394 丹溪先生醫書纂要二卷 （元）朱震亨撰 （明）盧和注 明刻本

匡高20.4厘米，廣14.2厘米。半葉十行，行二十字，小字雙行同，白口，四周雙邊。上海中醫藥大學圖書信息中心藏。

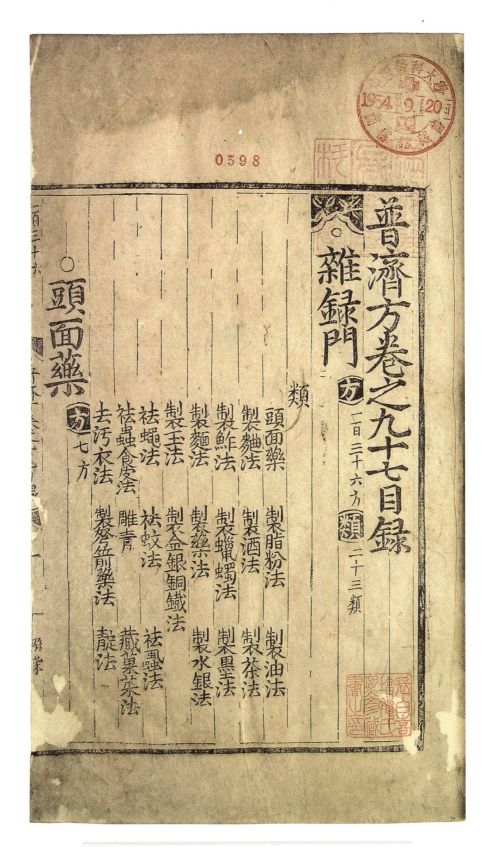

08395 普濟方一百六十八卷 （明）朱橚撰　明永樂周藩刻本

匡高20.5厘米，廣14.5厘米。半葉十五行，行二十七字，細黑口，四周雙邊。中國醫科大學圖書館藏，存二卷。

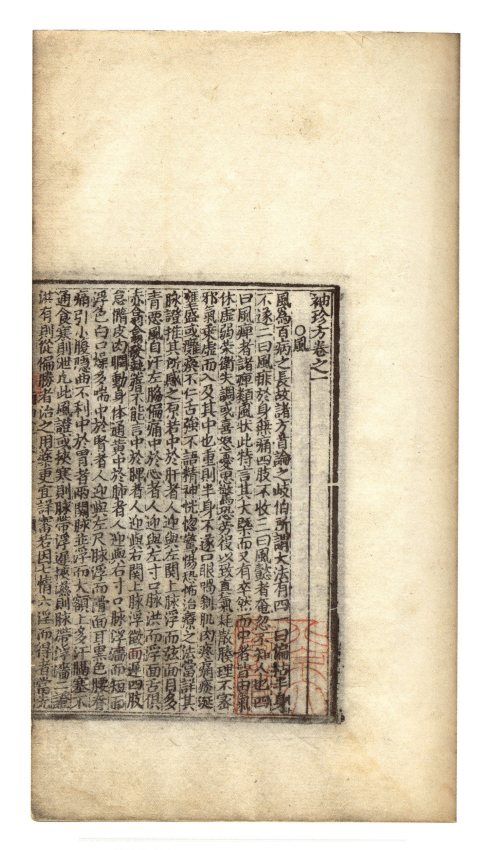

08396 袖珍方四卷 （明）李恒撰　明永樂十三年（1415）刻本

匡高13.5厘米，廣9.8厘米。半葉十六行，行二十六字，黑口，四周雙邊。北京大學圖書館藏。

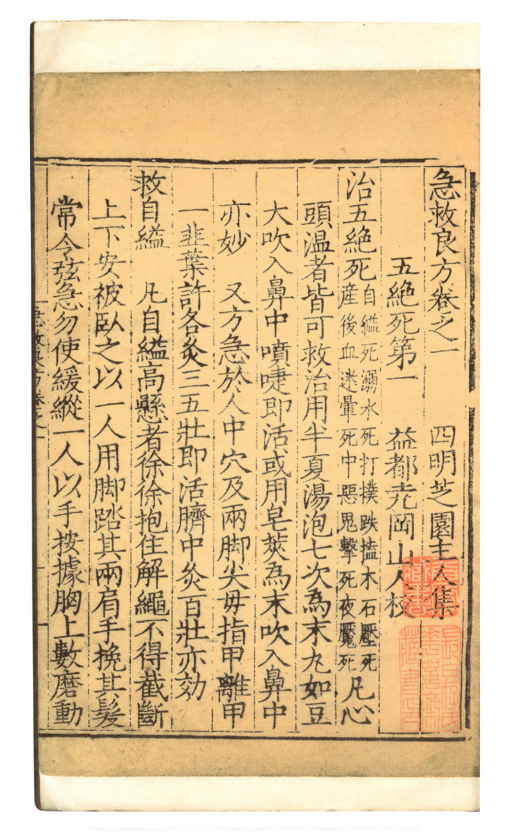

急救良方卷之一

四明芝園王肯集

益都兗岡山人校

五絕死第一

治五絕死 自縊死 溺水死 打撲跌磕 木石壓死 中惡鬼擊死 夜魘死 足心 產後血迷暈死

頭溫者皆可救治用半夏湯泡七次為末丸如豆

大吹入鼻中噴嚏即活或用皂莢為末吹入鼻中

亦妙 又方急於人中穴及兩腳尖毋指甲離甲

一韭葉許各炎三五壯即活臍中炎百壯亦効

救自縊 凡自縊高懸者徐徐抱住解繩不得截斷

上下安被臥之以一人用腳踏其兩肩手挽其髮

常令弦急勿使緩縱一人以手按據胸上數磨動

08397 急救良方二卷 （明）張時徹輯　明嘉靖二十九年（1550）自刻本

匡高20厘米，廣15.5厘米。半葉十行，行二十字，小字雙行同，白口，四周雙邊。中國科學院上海生命科學信息中心藏。

攝生眾妙方卷之一

四明芝園主人集

通治諸病門　益都冠同山人校

神仙太乙紫金丹　一名紫金錠　一名萬病解毒丹　一名玉樞丹

諸療利關竅通治　白病此藥真能起死回生掌

藥十數萬鍵濟人　可效不可盡述凡居家出入

興大工動大兵及　國爐雲貴社宦行兵无不可

無之

山茨菰　南北處處有之俗名金燈籠葉似韭花　似燈籠色白上有黑點結子三稜二月

開花三月結子四月初苗枯即空地得之遲則

苗腐爛難尋矣與有毒老鴉蒜極相類但蒜無則

千茨菰上有毛包裹宜　川文蛤　一名五棓子揀

辯去皮洗極淨焙　二兩　破洗刮倍淨焙

攝生眾妙方卷之一

08398-08400 攝生眾妙方十一卷急救良方二卷　（明）張時徹輯　明

隆慶三年（1569）衡府刻本

匡高20.1厘米，廣15.4厘米。半葉十行，行二十字，小字雙行同，白口，四周雙邊。首都圖書館、北京中醫藥大學圖書館、山西省圖書館藏。

蘇沈內翰良方卷第一

脈說

脈之難明，古今所病也。至虛有盛候，大實有羸狀，

差之毫釐，便有宛生禍福之異，此古

今所病也，病不可不謁醫而求療。然醫之脈，天下蓋一二，

於數十百人之中。而世之索病於冥漠之中，

辨不能以脈為辭，而病者亦不能以脈自求，

以求診以聽醫之間，醫不幸而失，終不肯自

言實治熱症，疑似之間醫不辨而失，

認失也，而巧飾掩非以至其名，卒不救乃曰

08401 蘇沈良方十卷 （宋）蘇軾　沈括撰　清乾隆五十八年（1793）鮑
廷博抄本
匡高18厘米，廣14.4厘米。半葉十行，行字不等，白口，四周單邊。嘉興市
圖書館藏。

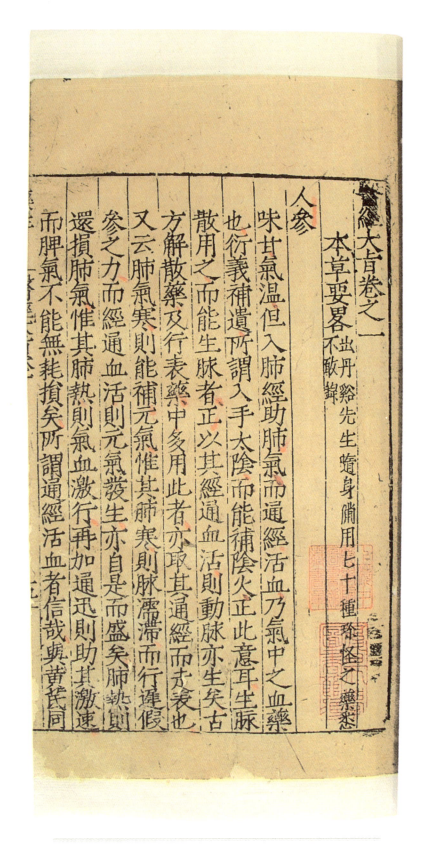

人參

本草要畧　出丹谿先生隨身備用七十種珍怪之藥悲不敢録

味其氣温但入肺經助肺氣而通經活血乃氣中之血藥也衍義補遺所謂入手太陰而能補陰火正此意耳生脉散用之而能生脉者正以其經通血活則動脉亦生矣古方解散藥及行表藥中多用此者亦取其通經而去衰也又云肺氣寒則能補元氣惟其肺寒則脉濡滯而行運假參之力而經通血活則元氣發生亦自是而盛矣肺熱則還損肺氣惟其肺熱則氣血激行再加通迅則助其激速而脾氣不能無耗損矣所謂通經活血者信哉與黃芪同

08402　醫經大旨八卷　（明）賀岳撰　明余氏敬賢堂刻本

匡高20.5厘米，廣13.6厘米。半葉十一行，行二十三字，小字雙行同，白口，四周單邊。上海中醫藥大學圖書信息中心藏。

赤水玄珠第一卷目録

風門
　明風篇　傷風　真中風　類中風　瘖痱

瘟疫門
　明疫篇　頭面腫一俗名鸕鷀瘟一名蝦蟇瘟

火熱門
　明火篇　外内君相篇　病機篇
　論五臓有邪身熱各異　論表裏熱
　論雜病發熱惡寒與傷寒不同

08403 赤水玄珠三十卷醫案五卷醫旨緒餘二卷 （明）孫一奎撰　明
萬曆二十四年（1596）孫泰來、孫朋來刻本
匡高19.5厘米，廣13.1厘米。半葉九行，行十九字，小字雙行同，白口，四周單邊。安徽中醫學院圖書館藏。

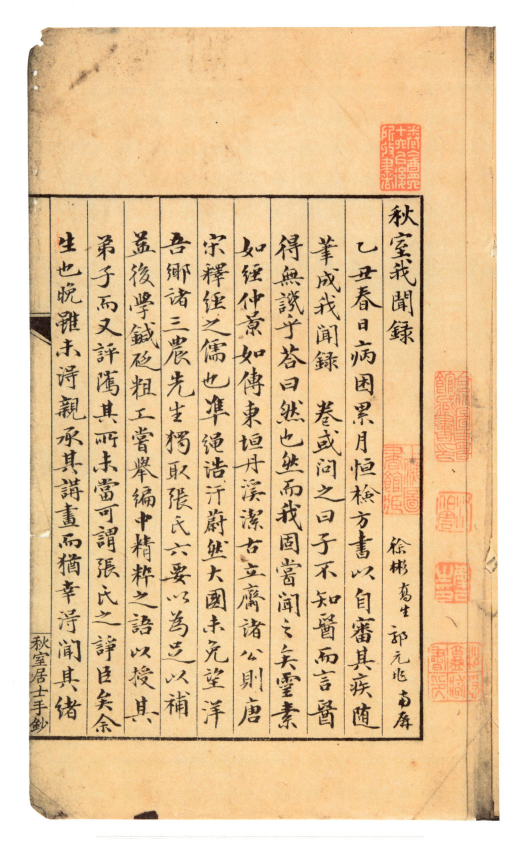

秋室我聞録

乙丑春日病困累月恒檢方書以自審其疾隨

筆成我聞録　卷或問之曰子不知醫而言醫

得無説乎荅曰然也然而我固嘗聞之矣靈素

如經仲景如傳東垣丹溪潔古立齋諸公則唐

宋釋經之儒也準繩造汗蔚然大國未充望洋

吾鄉諸三農先生獨取張氏六要以爲迳以補

蓋後學鍼砭粗工嘗舉編中精粹之語以授其

弟子而又評隲其所未當可謂張氏之諍臣矣余

生也晚雖未得親承其講畫而猶幸得聞其緒

徐彬爲生 郭元兆 南屏

秋室居士手鈔

08404　秋室我聞録一卷　〔清〕余集撰　手稿本

匡高17.7厘米，廣12.5厘米。半葉十行，行字不等，白口，四周單邊。有
"卷盦六十六以後所收書"、"沈伯雲"等印。沈慶雲跋。上海圖書館藏。

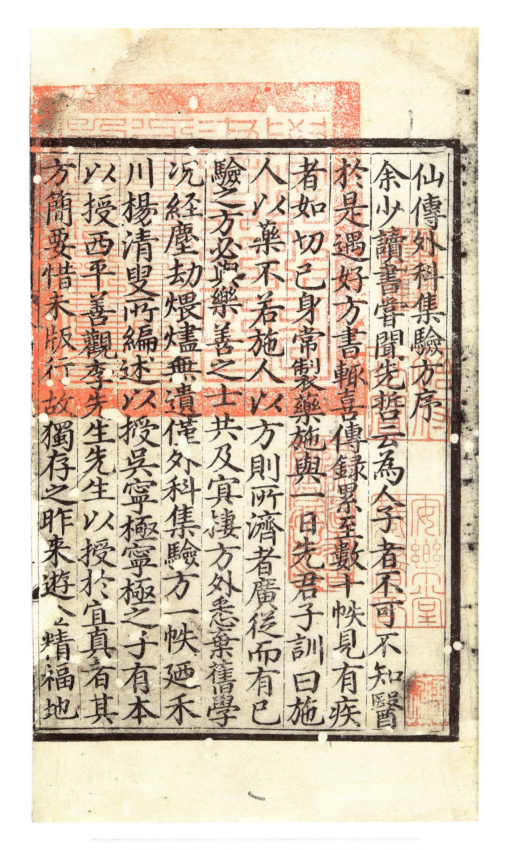

08405 仙傳外科集驗方一卷（明）趙宜真撰　**秘傳外科方一卷仙授**

理傷續斷方一卷　明洪武二十八年（1395）淵然道者刻本

匡高19.4厘米，廣13.9厘米。半葉十二行，行二十字，黑口，四周雙邊。有
"安樂堂藏書記"等印。國家圖書館藏。

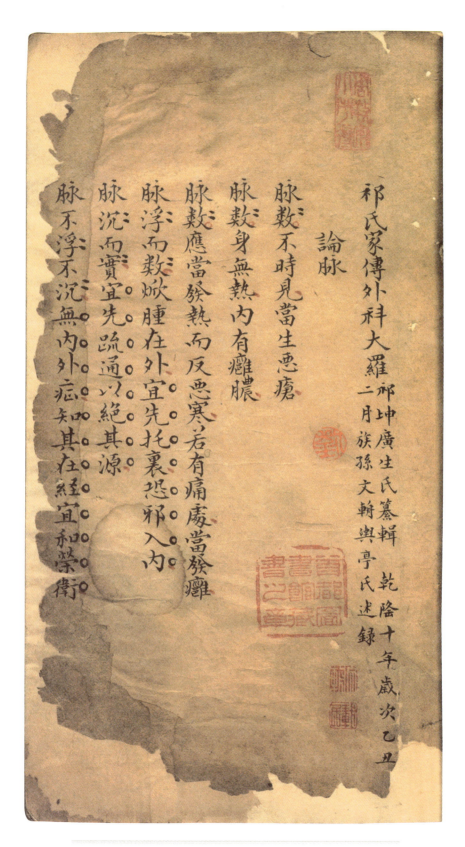

祁氏家傳外科大羅 祁坤廣生氏篡輯 乾隆十年歲次乙丑
二月族孫文翰興亭氏述録

論脉

脉數不時見當生惡瘡

脉數身無熱内有癰膿

脉數應當發熱而反惡寒若有痛處當發癰

脉浮而數嫩腫在外宜先托裏恐邪入内

脉沉而實宜先疏通以絶其源

脉不浮不沉無内外症知其在經宜和榮衛

08406 祁氏家傳外科大羅不分卷 〔清〕祁坤輯 〔清〕祁文翰述録 清

抄本

半葉八行，行二十四字。首都圖書館藏。

產孕集卷上

陽湖張曜孫

辨孕第一

序□

二氣相感合而生神兩精相搏聚而成形陽奇而施陰
偶而承陽施而靜陰承而動靜則陽凝動則陰攝動靜
互根形神交倚而孕以成易曰天地絪縕萬物化醇男
女構精萬物化生故乾坤消息而萬類日月運行而生
寒暑鳥獸草木昆蟲鱗介之屬莫不附陰化陽因氣而成
質其生雖不同而所以生者一也人為萬物之靈得天
地之正具五德之全經緯蕃變與上下參男稟陽得乾

08407 產孕集二卷 （清）張曜孫撰 稿本

匡高16.9厘米，廣12.3厘米。半葉十行，行二十一字，小字雙行同，藍格，
白口，四周雙邊。紹興圖書館藏。

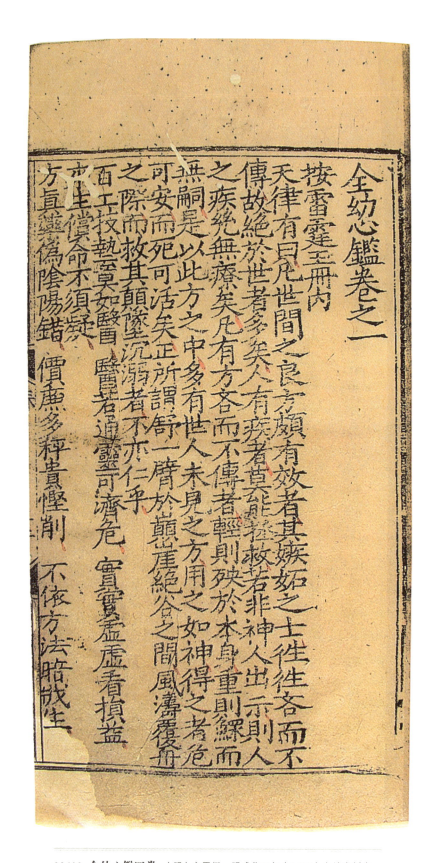

全幼心鑑卷之一

按雷霆無冊内天律有旨凡世間之良方頗有效者其嫉妬之士性各而不傳故絶於世者多矣人有疾者苟能推救若非神人出示則人之疾終無瘳矣凡有方各而不傳者輕則殃於本身重則綵而無嗣是以此方之中多有世人未見之方用之如神得之者危可安而死可活矣正所謂舒一臂於顛崖絶谷之間風濤覆舟之際而救其顛墜沉溺者不亦仁乎醫若通靈可濟危實實虛虛看損益百工技執豈如醫方真變偽陰陽錯價庸多稈貴慳削平生償命不須疑不依方法暗戕生

08408 全幼心鑑四卷 （明）寇平撰 明成化四年（1468）全幼堂刻本

匡高20.3厘米，廣13厘米。半葉十二行，行二十四字，黑口，四周雙邊。上海中醫藥大學圖書信息中心藏。

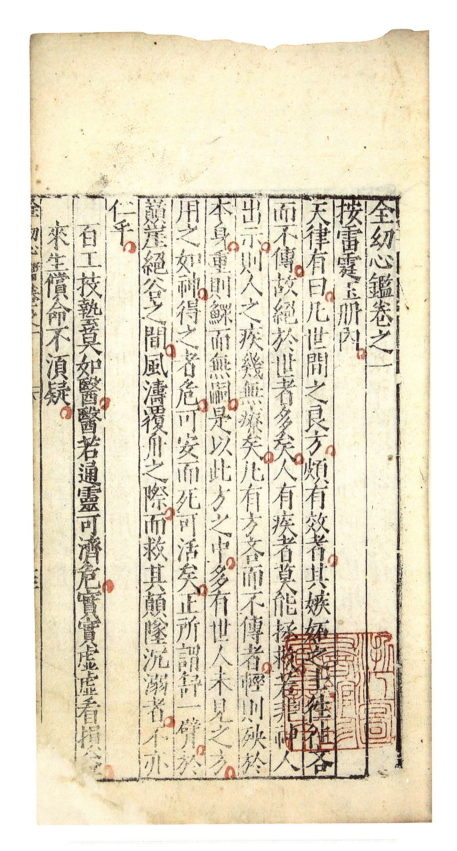

08409 全幼心鑑八卷 （明）寇平撰 明嘉靖二十六年（1547）張玶刻本

匡高21厘米，廣13.5厘米。半葉十一行，行二十二字，白口，四周單邊。浙江圖書館藏，存六卷。

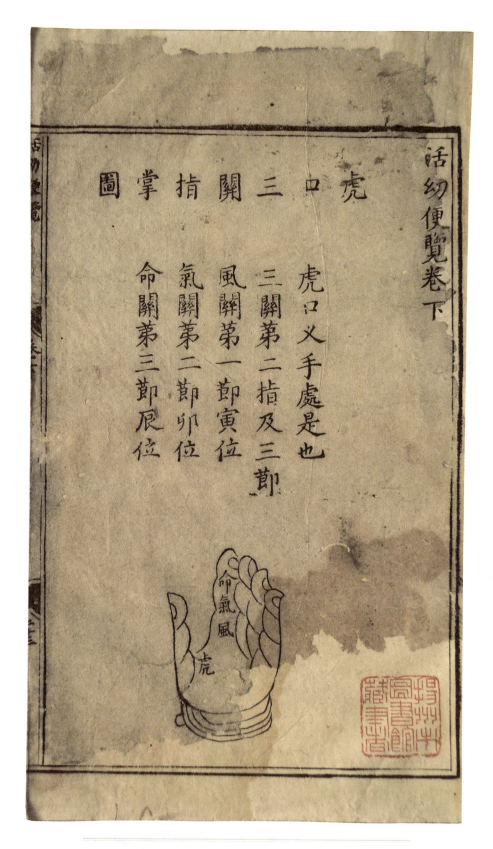

活幼便覽卷下

虎

虎口叉手處是也

口

三關第二指及三節

三

關第一節寅位

關

風氣關第二節卯位

指

掌命關第三節辰位

圖

08410 活幼便覽二卷 （明）劉錫撰　明刻本

匡高22厘米，廣15厘米。半葉十行，行二十一字，白口，四周雙邊。揚州市
圖書館藏。

活幼便覽

保胎

凡婦妊娠懷感之間常令樂以忘憂不使怖畏飲食
有節起居自若常宜運動此乃順其中而全其神和
其氣而益其脉調而助之扶而補之何患胎氣不安
或有婦人稟性鄙窄觸暴以動其氣氣動則傷血血
動則損脉脉損則胎氣不固未免墮傷嘗觀列女傳
曰古之婦人妊子坐立寢食視聽言動皆循循合矩
如太任之性端一誠莊惟德之行及其娠文王未嘗

08411 **活幼便覽二卷** （明）劉錫撰 明刻本

匡高22厘米，廣15厘米。半葉九行，行二十字，白口，四周雙邊。陝西省圖
書館藏。

小兒外症一十五候　属心瞳人属腎乃心火皆勝故腎水木尅土木尅舌顖門

眼上赤脉下貫瞳人水乾脉熱則熱極則臭乾黑燥忽作鵶聲肚大筋青虛舌

腫起姜及作坑下則熱腫熱則臭乾黑燥忽作鵶聲肺合絕肝虛

目多直視覷下轉睛不轉迴是也指甲青黑忽作鵶聲而不已作喘哭是

出口嚙匕咬人心絕腎魚口氣絕啼不作聲謂魚口脾絕氣急不已作喘也是

小兒外症一十五候〔出脉訣〕

也故邪希虛而濡邪氣驚虛鼠而濡之候痢下宣腸急痛時浮大之脉歸泉路不下宜痢之浮大脉表脉之所

小兒乳後輒嘔逆更姜殼即是不消乳殼兒嘔變蒸未定氣息未調弦急恙

之時被氣纏殺卻緊數細快亦少苦虛濡邪氣驚風助加數脾病弦而急緊快乳食有小兒消化氣平脉之所

小兒生死候歌〔出脉訣〕

仁端錄雜症

檇李澄觀散人仲光甫徐　謙集

08412 仁端錄雜症四卷 　（清）徐謙撰　（清）張祖　張之校正　清雍正
十一年（1733）海鹽彭孫遹松桂堂抄本
匡高18.6厘米，廣11.2厘米。半葉十二行，行二十四字，小字雙行同，白
口，四周單邊。嘉興市圖書館藏。

鍼灸節要卷之一

四明高武纂集

難經

補瀉

七十八難曰鍼有補瀉何謂也然補瀉之法非必呼吸出

內鍼也

紀氏曰呼盡而內鍼吸而引鍼者爲補吸則內鍼呼盡

出鍼爲瀉此言補瀉之時非必呼吸出內而已

然知爲鍼者信其左不知爲鍼者信其右

紀氏曰然知爲鍼信其左者以左調右有餘不足補瀉

於榮俞也不知爲鍼者信其右但一心用鍼不知以左

調右也

08413 鍼灸節要三卷鍼灸聚英五卷　（明）高武撰　明嘉靖十六年
（1537）陶師文刻本
匡高21.2厘米，廣15.2厘米。半葉十二行，行二十二字，黑口，四周雙邊。
中國中醫科學院圖書館藏。

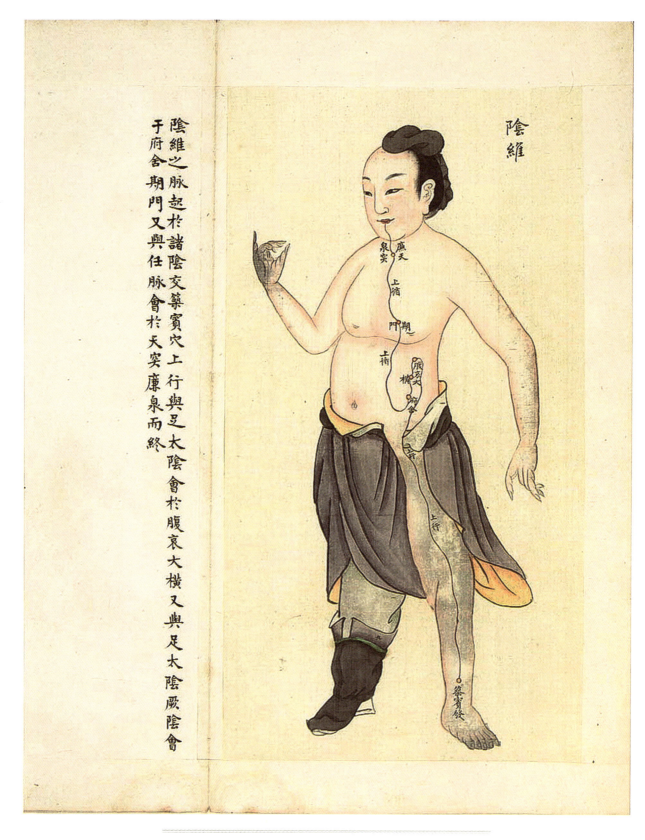

陰維之脉起於諸陰交築賓穴上行與足太陰會於腹哀大橫又與足太陰厥陰會于府舍期門又與任脉會於天突廉泉而終

08414 人體經穴臟腑圖一卷　清彩繪本

浙江圖書館藏。

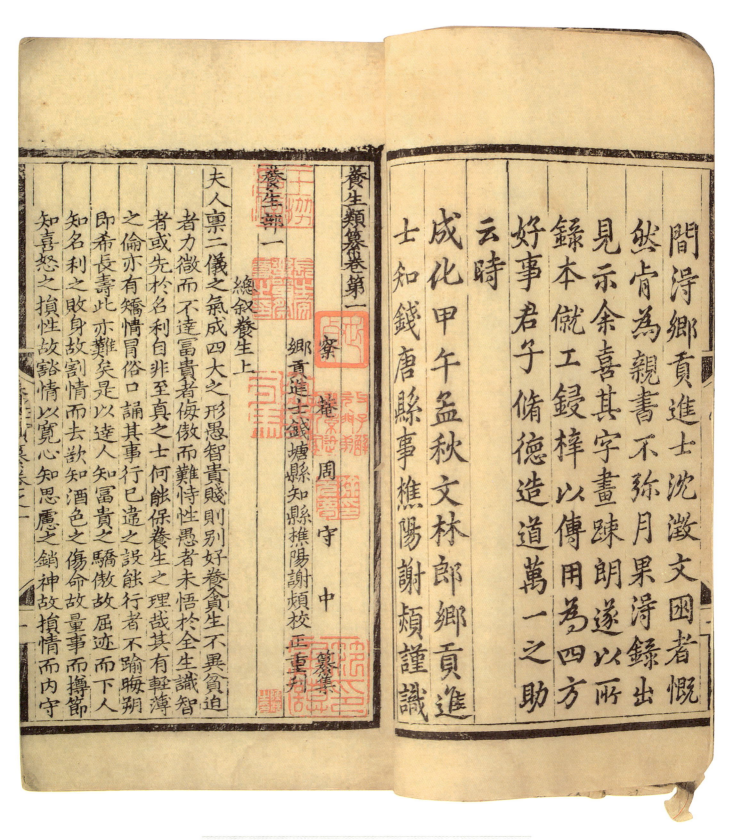

閭浮鄉貢進士沈澂文國者慨
然肯為親書不弥月果浮錄出
見示余喜其字畫楝朗遂以所
錄本儗工鋟梓以傳用為四方
好事君子俻德造道萬一之助
云時
成化甲午孟秋文林郎鄉貢進
士知錢唐縣事樵陽謝頴謹識

養生類纂卷第一
宷
周守中　纂集
鄉貢進士錢塘縣知縣樵陽謝頴校正重刊
養生部一
總叙養生上

夫人禀二儀之氣成四大之形愚智貴賤則別好養貪生不異貧迫
者力微而不達富貴者儌而難恃性愚者未悟於全生識智
者或先於名利自非至真之士何骀保養生之理哉其有輕薄
之倫亦有矯情冒俗口誦其事行巳遠之設骀行者不踰晦朔
即希長壽此亦難矣是以達人知富貴之驕傲故屈迹而下人
知名利之敗身故割情而去歇知酒色之傷命故量事而撙節
知喜怒之損性故豁情以寬心知思慮之銷神故損情而内守

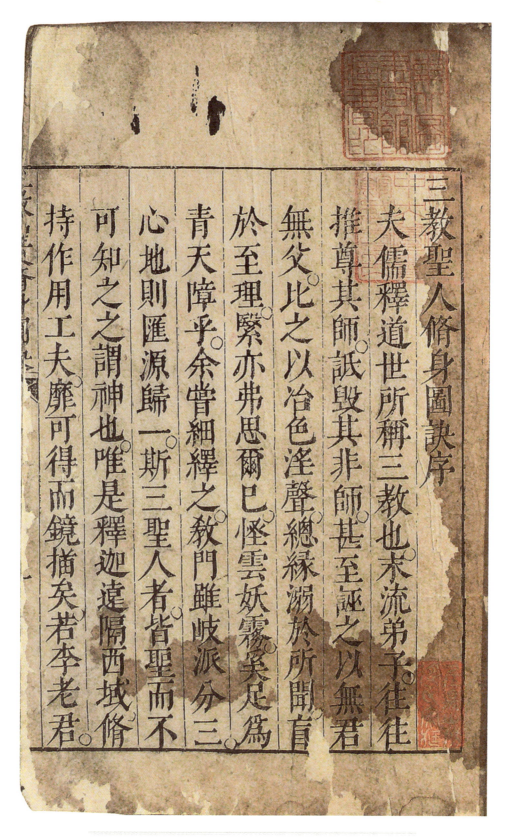

三教聖人修身圖訣序

夫儒釋道世所稱三教也未流弟子往往
推尊其師詆毁其非師甚至誣之以無君
無父比之以冶色淫聲總緣溺於所聞盲
於至理繫亦弗思爾巳怪雲妖霧豕實足爲
青天障乎余嘗細繹之教門雖岐派分三
心地則匯源歸一斯三聖人者皆聖而不
可知之謂神也唯是釋迦遠隔西域修
持作用工夫靡可得而鏡描矣若本李老君

08416　三教聖人修身圖訣一卷清修捷徑一卷　（明）張我續撰　明崇
禎刻本
匡高18.7厘米，廣14.9厘米。半葉九行，行十七字，白口，四周單邊。有"居
易山房趙氏家藏"等印。遼寧省圖書館藏。

周髀筭經卷上

唐朝議大夫行太史令上輕車都尉臣李淳風等奉勅注釋

趙君卿　注

甄鸞　重述

昔者周公問於商高曰竊聞乎大夫善數也〔周公姓姬名旦，居冢宰，德則至聖尚賢。大夫善筭者，周公牧下三公也。〕請問古者包犧立周天曆度〔包犧三皇之一，始畫八卦。無大不綜，無幽不達。況之大法，不綜易曰古者。〕

〔學而其上也。易曰：古者包犧氏之王天下也，仰則觀象於天，俯則觀法於地，此之謂也。〕

08417　**周髀筭經二卷**　　題（漢）趙君卿注　（北周）甄鸞重述　（唐）李
淳風等注釋　**音義一卷**　（宋）李籍撰　清內府抄本
匡高19.3厘米，廣11.7厘米。半葉九行，行十八字，小字雙行同，白口，左右
雙邊。故宮博物院藏。

—— 037 ——

周髀經淺注

髀者股也立表竿以測高猶足之股也又一說云俞理初

股之異名耳　周髀之名即句髀股云㑹然則

周髀之名即句

造非周家術今覽周髀則周句髀股云

先生癸巳類稿引賀道養渾天記云當周髀之所

歙鄭復光學

昔者周公問於商高善筭者　商人之曰竊聞乎大夫善數

也請問古者包犧立周天厤度　易大傳言包犧仰以
通鑑載包犧作甲厤

觀于天文俯以察于地理則其觀察必有度數以紀

法象其法不傳以意擬之益因天所可見者日月星

也皆此時則月一周天而今日與彼此時月所適當之星出至

明日此時則月一差而東乃與彼星相當是月之東出之

西没者為視行而由西差東者乃實行也因以推之

於日没者日不能與星竝見而驗其由冬而夏則冬日所

04435

08418 **周髀筭經淺注一卷**　（清）鄭復光撰　清抄本
王筠校。山東省博物館藏。

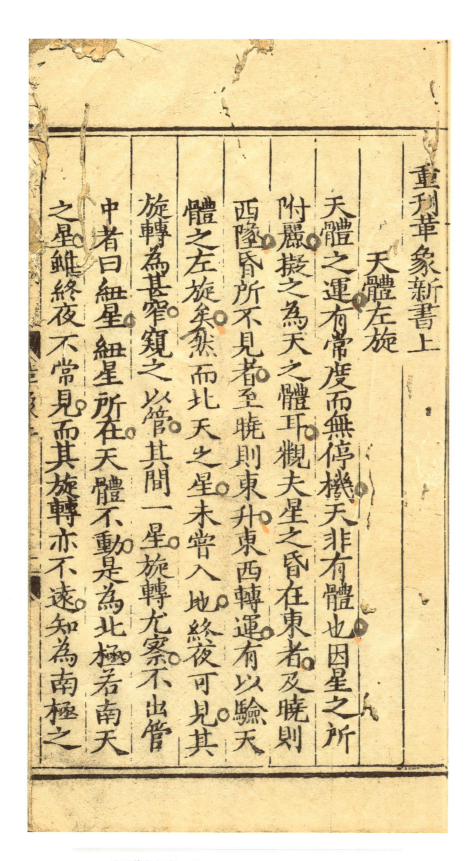

重刊革象新書上

天體左旋

天體之運有常度而無停機天非有體也因星之所
附麗擬之為天之體耳觀夫星之昏在東者及曉則
西隆昏所不見者至曉則東升東西轉運有以驗天
體之左旋矣然而北天之星未嘗入地終夜可見其
旋轉為甚窄窺之以管其間一星旋轉尤緊不出管
中者曰維星紐星所在天體不動是為北極若南天
之星雖終夜不常見而其旋轉亦不遠知為南極之

08419 重刊革象新書二卷 （元）趙友欽撰 （明）王禕刪定 明刻本

匡高20.7厘米，廣14厘米。半葉九行，行二十二字，小字雙行同，白口，四周雙邊。大連圖書館藏。

乾象坤圖格鏡 卷之一

徐光啟問軍天圖總論

古吳浩然王宏翰

徐光啟 文定公

夫天地皆渾體可球也不可圖也不圖則無以識緯象故天文
家欲明象體始制渾儀而後周天之象無漏然渾儀非易成之
物故又圖之以便習覽而圖之之法如欲與渾儀之體略同亦
有微難如圖見界總星其赤道以北諸星位次指掌矣而赤道
以南諸星位次悉變易與渾象之體咸不合矣如用截緯法以
赤道為界以南北極為心剖渾儀二之諸星體雖不變易但列
宿咸在二道間而圖則分未免觀玩有缺予於是廣諸天圖以
便乙夜之觀先備天地總圖次定黃赤道經緯儀次剖見界總
星圖為三垣二十八宿分圖定某星為赤道北某星為赤道南

十二

乾象坤圖格鏡 卷之二

08420　乾象坤圖格鏡十八卷　〔清〕王宏翰撰　稿本
浙江大學圖書館藏。

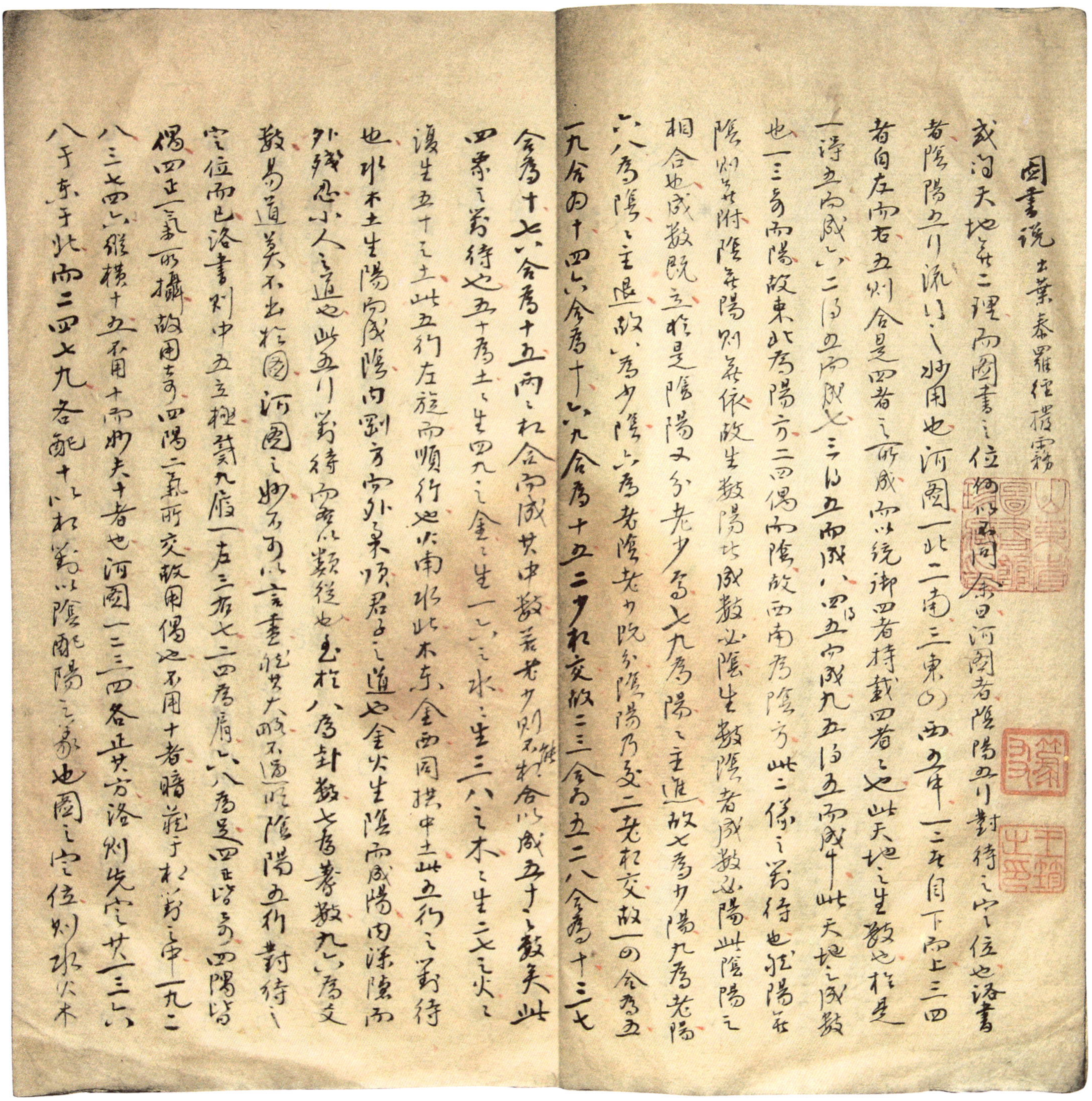

圖書說

08421 圖書說一卷 〔清〕王筠撰 稿本

王獻唐跋。山東省圖書館藏。

代數之法本於西法之借根方中法之四元而去其十百
千萬紀數之繁重法以字代各數式代加減乘除等是編
大畧本代微積拾級原書而閒加通變如滿幅口旁或加
ノ夕之類一切易之列諸式於左之上方列諸字於左之

下方

代數諸式　　　　　代數諸字

加式　甲乙　左右相加　　　代未知之數及微
　　　　　　　　　　　天地人物代積分之變數
減式　甲乙　右減　　　　　大元夫類代天元同
正式　甲乙　左　　　　　　王主至及代地同類之元○原書同類之元
審　　　　　　　　　　　　圖中同類之點皆同用一字而

08422　西算新法直解八卷　（清）馮桂芬　陳瑪撰　稿本

蘇州博物館藏。

其明春
俄而和春軍潰蘇常戒嚴不欲以聞人間事洞鈞卿遂不復
與相見既蘇州陷鈞卿死之余避地衝山適與于瑨偕凡朝
夕從事者四閱月書甫及半而余又轉徙無定蹤
子瑨雷衝山遂獨任其事逾年而書成矣夫代數勝於四元中
人不能諱也亦猶天元勝於借根西人不能諱也學問之道
擇其善者而從之中西異別焉是書大指意取暢達詞取淺
顯庶幾代數微分積分三術人人可知人人可學不負士叔
譯之盛心與西人羅密士氏偉烈亞力氏流傳不苟之意
云爾惜鈞卿之不及見而梓之也而是書之成固鈞卿之志
云同治初元冬十月吳縣馮桂芬識於滬城北郊寓舍

閏八月考

南清河　龔䭾准步

王錫祺絅綸輯

漢五次

昭帝元鳳六年兩年

後……浮市昭帝紀元鳳六年春正月募郡國徒築遼東玄菟城復薨天下詔曰天……

穀賤傷農令三輔太常穀減賤其令以栗當今年賦右將軍范……忠

說封富平侯烏桓犯塞盡發將單范明友望之

圓鉻辭覺……元年冬十一月以楊敞為丞相封平侯駟

宣帝五鳳二年乙丑……宣帝紀五鳳二年春三月行幸雍祠五畤夏四月乙丑大司馬車騎將軍增歲

師古曰秋八月詔曰夫將姻之禮人倫之大者也酒食之會所以行禮樂也今……由是廢鄉黨之禮今

郡國二千石或擅為苛禁禁民嫁娶不得具酒食相賀召昌由是廢鄉黨之禮令

民已死亡或道以尊民之失德乾候以獲勿行苛政方十一月

08423　閏八月考三卷　（清）王錫祺輯　稿本

浙江圖書館藏。

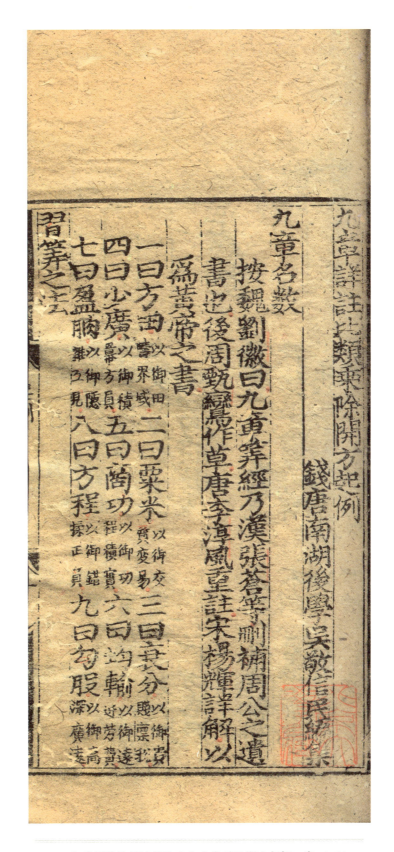

08424 九章詳註比類演算法大全十卷乘除開方起例一卷 （明）

吳敬撰 明景泰元年（1450）王均刻弘治元年（1488）吳訥重修本

匡高21.2厘米，廣13.2厘米。半葉十行，行二十二字，小字雙行同，黑口，四周雙邊。北京大學圖書館藏。

用橢圓面積為平行

太陽之行有盈縮由于本天有高卑春分至秋分行最高半周故行盈而歷日多秋分至春分行最卑半周故行縮而歷日少其說一為不同心天一為

本輪而不同心天之兩心差即本輪之半徑故二者名雖異而理則同也弟

谷用本輪以推歷縮差惟中距與實測合最高前後則失之小最卑前

後則失之大又最高之高于本天半徑最卑之卑于本天半徑者於兩心差

之全徑而止及其半故又用均輪以消息于其間而後高卑之數盈縮

之行与當時實測相合上編言之詳矣然天行不能無差元敬守定歷

館之最大差為二度四○一四以周天三百六十度每度六十分約之得二度二

十三秒新法所書弟谷所定之最大差為二度零三分二十一秒刻白爾

以來儀加精測弟谷之最大差止首一度五十六分一十三秒又以推逐

庶之盈縮差最高前後本輪圖失之小矣均輪又失之大最卑前後本

江都焦循學

08425 焦理堂天文曆法算稿不分卷 (清)焦循撰 稿本

國家圖書館藏。

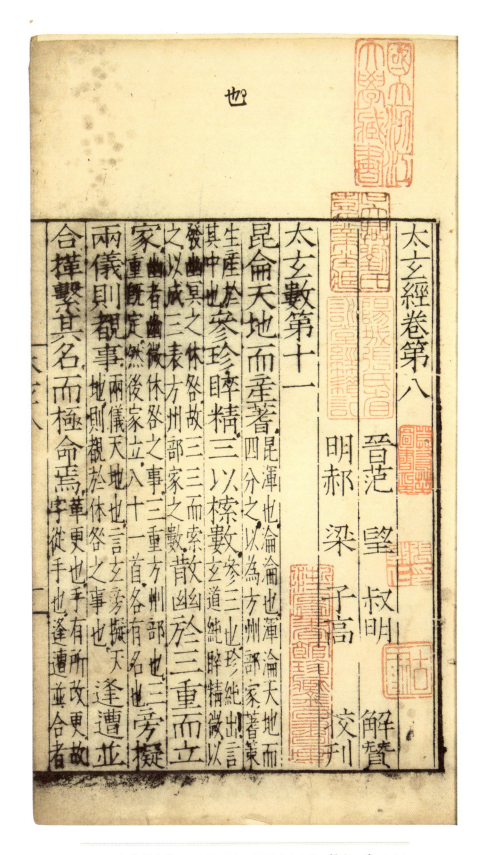

08426 太玄經十卷 （漢）揚雄撰 （晉）范望解贊 **說玄一卷** （唐）
王涯撰 **釋文一卷** 明嘉靖三年（1524）郝梁刻本（說玄配清抄本）
匡高17.1厘米，廣12.9厘米。半葉十行，行十八字，小字雙行同，白口，左
右雙邊。莫友芝校並跋。浙江圖書館藏。

太玄經卷第一

晉范　望　字叔明　解贊

贊曰楊子雲處前漢之末值王莽用事身藝

亂世遜退無由是以朝隱官爵不徒昔者文

王屈抑而繫易仲尼當衰周而述春秋為一

代之法以彰聖人之符子雲志不申顯於是

覃思耦易著玄其道以陰陽為本比於庖犧

之作事異道同福順禍逆無有主名桓譚謂

08427、08428　太玄經十卷（漢）揚雄撰（晉）范望解贊　**說玄一卷**

（唐）王涯撰　**釋文一卷**　明嘉靖孫沐萬玉堂刻本

匡高20.7厘米，廣13.8厘米。半葉八行，行十七字，小字雙行同，白口，四
周雙邊。浙江大學圖書館藏；浙江圖書館藏，惠棟批校，翁同龢抄補缺葉，
存十卷。

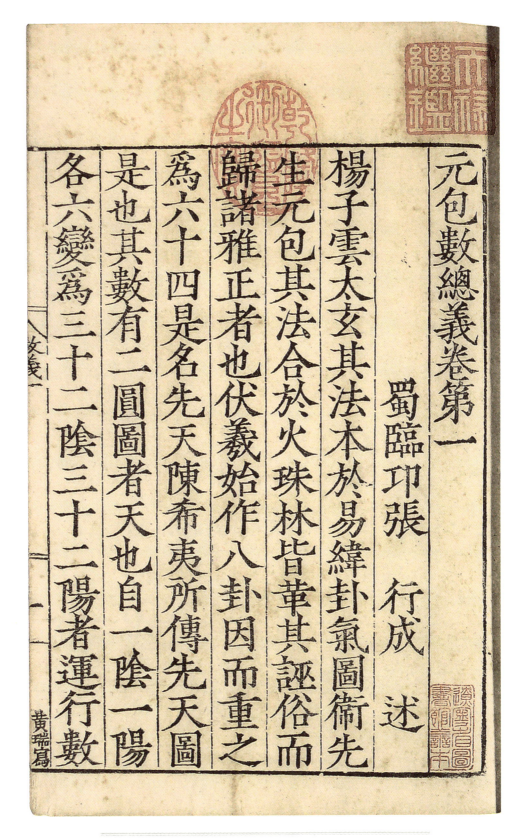

元包數總義卷第一

蜀臨邛張　行成　述

楊子雲太玄其法本於易緯卦氣圖衛先
生元包其法合於火珠林皆革其誣俗而
歸諸雅正者也伏羲始作八卦因而重之
爲六十四是名先天陳希夷所傳先天圖
是也其數有二圓圖者天也自一陰一陽
各六變爲三十二陰三十二陽者運行數

〈〉爻幾一

黃瑞寫

08429、08430 **元包經傳五卷** （北周）衛元嵩撰 （唐）蘇源明傳 （唐）
李江注 **元包數總義二卷** （宋）張行成撰 明刻本
匡高20.1厘米，廣14.7厘米。半葉八行，行十六字，小字雙行同，白口，四
周單邊。錦州市圖書館藏；遼寧省圖書館藏，有"乾隆御覽之寶"、"天禄
繼鑑"等印。

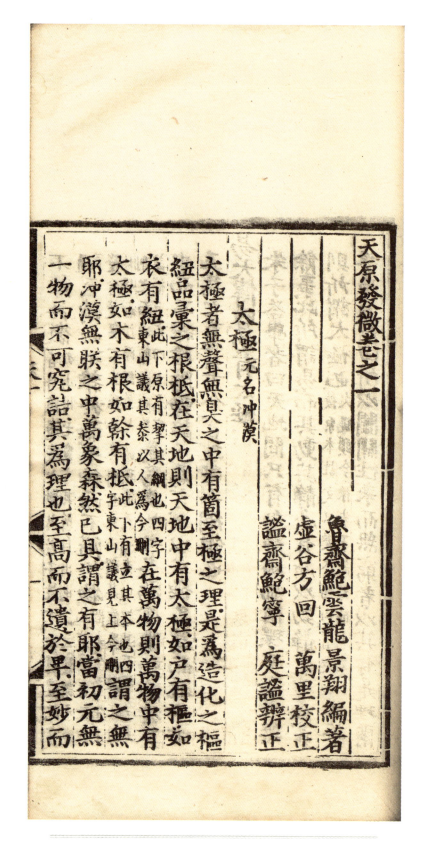

08431、08432 天原發微五卷圖一卷篇目名義一卷 （宋）鮑雲龍

撰 （明）鮑寧辨正 問答節要一卷 （明）鮑寧輯 明天順五年（1461）

鮑氏耕讀書堂刻本

匡高20.1厘米，廣13.5厘米。半葉十一行，行二十二字，黑口，左右雙邊。

北京大學圖書館、中國科學院國家科學圖書館藏。

天原發微卷之一

魯齋鮑雲龍景翔編著
虛谷方回萬里校正
謚齋鮑寧庭謚辨正

太極　元名沖漠

太極者無聲無臭之中有箇至極之理是為造化之樞
紐品彙之根柢在天地則天地中有太極如戶有樞如
衣有紐此下原有莘其綱也四字今刪在萬物則萬物中有
太極如木有根如榦有柢宁東山謂此本也今刪四謂之無
耶沖漠無朕之中萬象森然已具端明之育耶當初元無
一物而不可究詰其為理也至高而不遺於眾至妙而

08433、08434 **天原發微五卷圖一卷篇目名義一卷** （宋）鮑雲龍撰
（明）鮑寧辨正 **問答節要一卷** （明）鮑寧輯 明嘉靖二十九年（1550）
秦藩刻本
匡高19.8厘米，廣13.2厘米。半葉十一行，行二十二字，白口，左右雙邊。
吉林大學圖書館、東北師範大學圖書館藏。

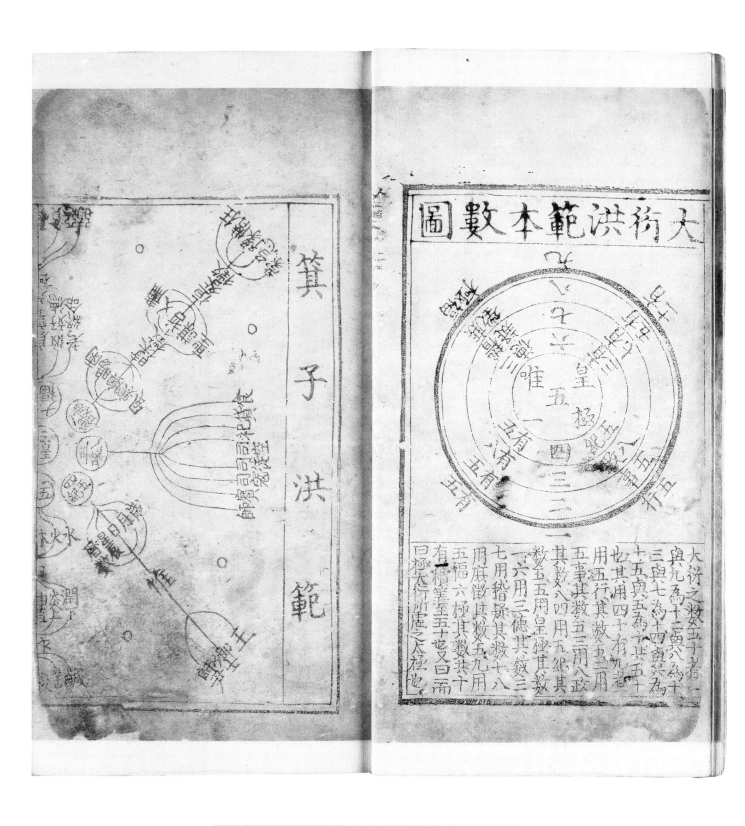

08435 洪範圖解二卷 （明）韓邦奇撰　明正德十六年（1521）王道刻藍
印本

匡高19.2厘米，廣12.1厘米。半葉九行，行十九字，白口，四周雙邊。國家
圖書館藏。

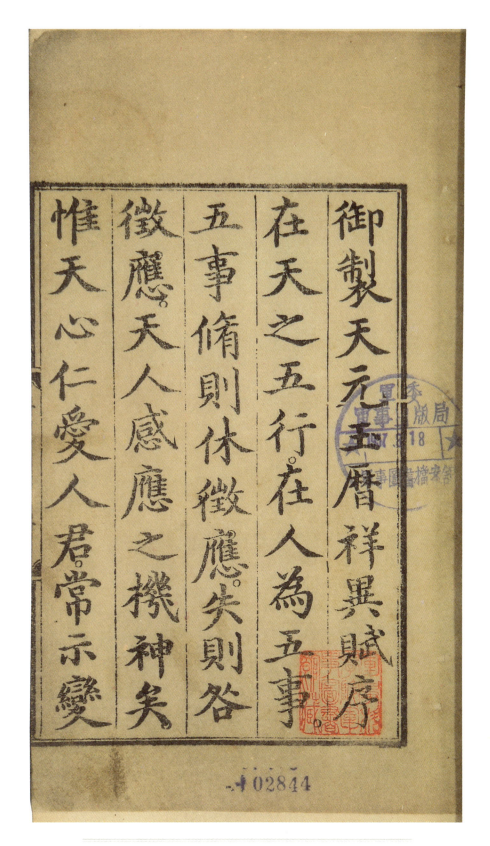

08436 天元玉曆祥異賦七卷 （明）仁宗朱高熾撰　明洪熙元年（1425）

內府刻本

匡高18.9厘米，廣12.5厘米。半葉九行，行十八字，黑口，四周雙邊。軍事
科學院軍事圖書資料館藏。

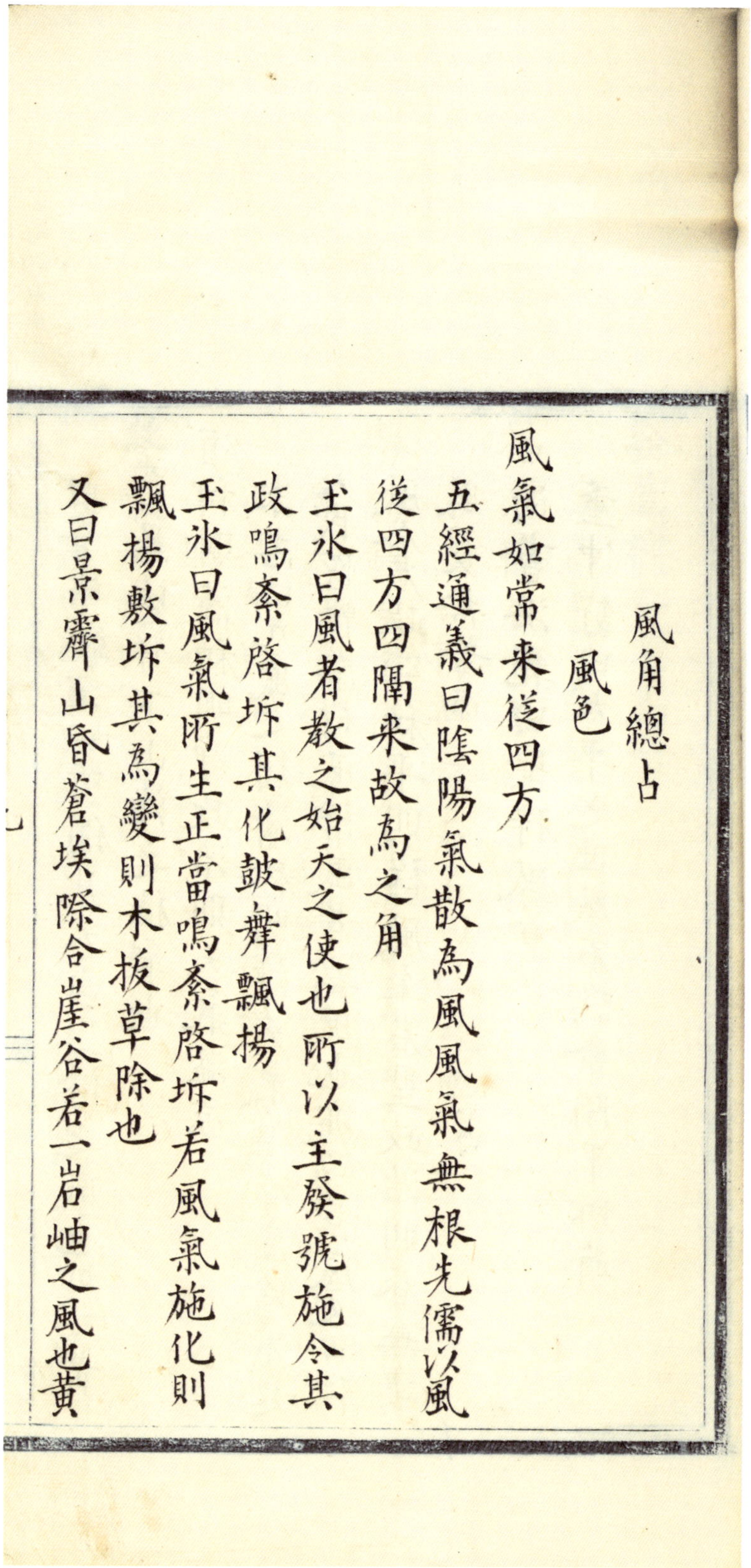

風角總占

風色

風氣如常來從四方

五經通義曰陰陽氣散為風風氣無根先儒以風
從四方四隅來故為之角

王冰曰風者教之始天之使也所以主發號施令其
政鳴条啓坼其化鼓舞飄揚

王冰曰風氣所生正當鳴条啓坼若風氣施化則
飄揚敷坼其為變則木板草除也

又曰景霽山昏蒼埃際合崖谷若一岩岫之風也黃

08437 天元玉曆祥異賦不分卷 （明）仁宗朱高熾撰　明抄本

匡高20.8厘米，廣13.7厘米。半葉十行，行字不等，上圖下文十一行，行
十一至十二字，藍格，白口，四周雙邊。遼寧大學圖書館藏。

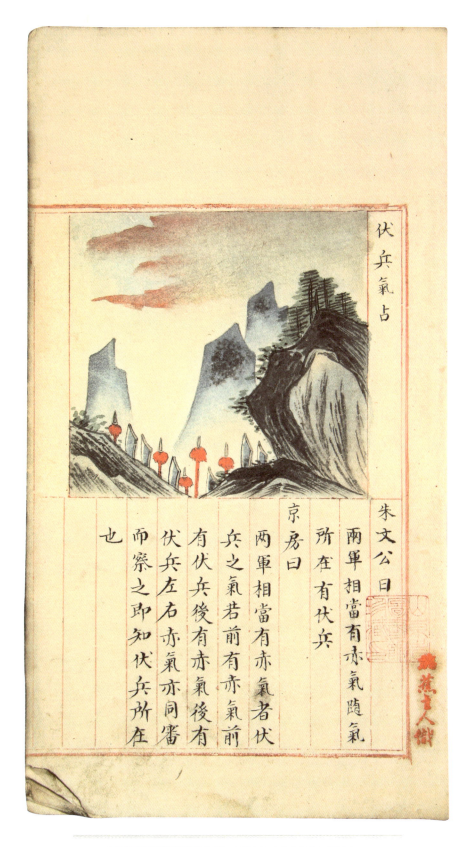

08438 天元玉曆祥異賦不分卷 （明）仁宗朱高熾撰　明抄本

匡高20.6厘米，廣14.8厘米。上圖下文，半葉十二行，行字不等，紅格，白口，四周雙邊。山東省圖書館藏。

六壬神定經序

昔天地未分爲之太易二氣始萌爲之太初形質有變爲之太
素形質具爲也具爲太極經曰混沌爲一也一生二爲之陰陽也發
昇爲天陽也發降爲地陰也清濁分定形別爲之二儀人生其
中也爲之三才始盤古氏生爲爲風雨吹爲刑雷電開目爲曉
開目爲夜後開闢以爲之左目爲日右目爲月毛髮爲草木骨爲
山嶽小腸爲江大腸爲海血爲淮濟云三才儵一爲四方四隅
以爲五行生以爲六律産以爲七政七政展爲八方八方育以
爲九陽數也而化九山以理地擎天各主其方九層以爲天干
烈萬象市於九山半空之中矣曰以天地相去一百萬里諸旱
去地七十萬里天以九山爲柱地以四海爲襄天有涯地有角

08439　六壬神定經五卷　（宋）楊維德等撰　明抄本

匡高20.4厘米，廣14.2厘米。半葉十一行，行二十四字，黑口，左右雙邊。
山東省博物館藏，存二卷。

則於治道枝裔之餘慶有補焉時

成化三年歲次丁亥孟春元日夷山老叟八十

翁書于巢雲書舍

壬課纂義卷之一

真一山人　撰述

甲子日　寅加甲

課得寅巳申　　畫得勾蛇白

夜得青朱后

義曰

新月未圓　　漸增光釆

天地將泰　　禄馬並臨

君子遷改　　陰陽獨彰

小人陸沉　　此是好音

象曰

08440　壬課纂義十二卷　題真一山人撰　明抄本

匡高20.7厘米，廣13.7厘米。半葉十行，行字不等，黑口，四周雙邊。江西
省樂平市圖書館藏。

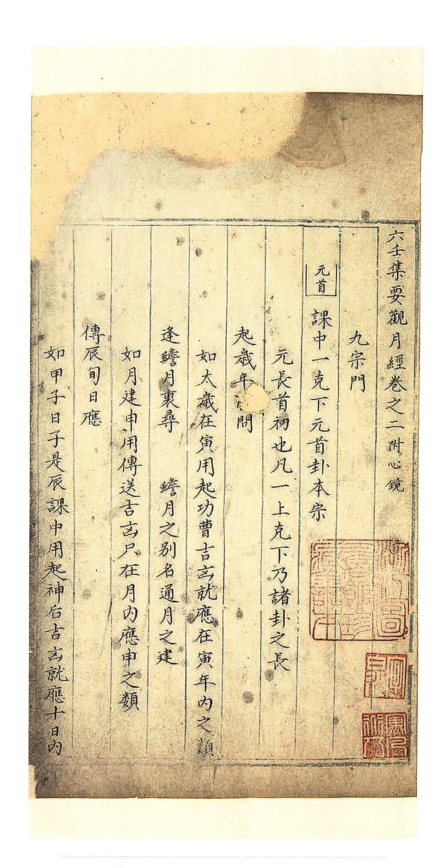

08441 六壬集要四卷　明抄本

匡高22.4厘米，廣16.4厘米。半葉七行，行字不等，藍格，白口，四周雙邊。浙江圖書館藏。

御定星曆考原卷一

象數本要

天地

易曰立天之道曰陰與陽立地之道曰柔與剛聖人

紀陰陽之正協剛柔之宜治曆明時以調天地之化

欽若授時在齊七政其來尚矣然有天地之形焉有

天地之運焉以形言之書傳引渾天之說曰天之形

如鳥卵地居其中天包地外如卵之裹黃圓如彈九

故曰渾天言其形渾渾如也朱子曰天包地外地處

御定星曆考原　卷一　　　　　一

08442　御定星曆考原六卷　（清）李光地等撰　清康熙五十二年（1713）

內府銅活字印本

匡高21.4厘米，廣14.8厘米。半葉九行，行二十字，白口，四周雙邊。故宮
博物院藏。

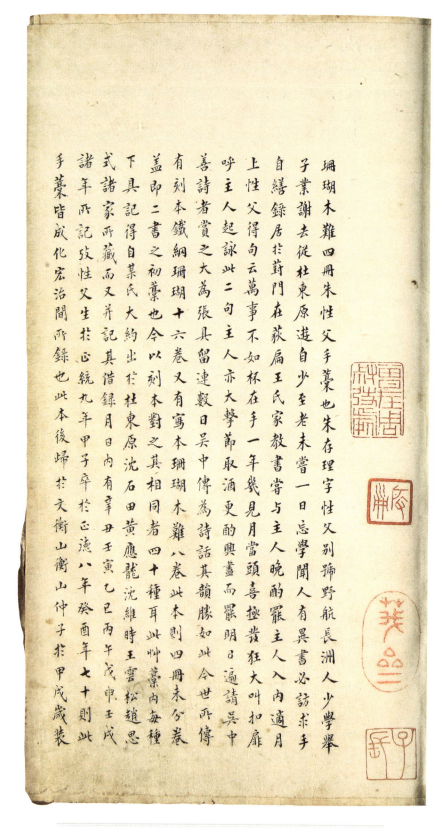

珊瑚木難四冊朱性父手藁也朱存理字性父別號野航長洲人少學舉
子業謝去從杜東原遊自少至老未嘗一日忘學聞人有異書必訪求手
自繕錄居於斟門在荻扁王氏家教書嘗与主人晚酌罷主人入內適月
上性父得句云萬事不如杯在手一年幾見月當頭喜撻兹狂大叫扣扉
呼主人起詠此二句主人亦大擘節取酒更酌興盡而罷明日遍請吳中
善詩者賞之大為張具留連數日吳中傳為詩話其韻勝如此今世所傳
有刻本鐵網珊瑚十六卷又有寫本珊瑚木難八卷此本則四冊未分卷
蓋即二書之初藁也今以刻本對之其相同者四十種耳此艸藁內每種
下具記得自某氏大約出於杜東原沈石田黃應龍沈維時王雲松趙思
式諸家所藏而又并記其借錄月日內有辛丑壬寅乙巳丙午戊申王戌
諸年所記攷性父生於正統九年甲子卒於正德八年癸酉年七十則此
手藁皆成化宏治間所錄也此本後歸於文衡山衡山仲子於甲戌歲裝

08443 珊瑚木難不分卷 （明）朱存理輯 稿本

有"曾在周叔弢處"等印。王廣、翁方綱、楊繼震跋，顧渚題詩並跋又錄文
徵明、文震孟、呂一經等詩翰。國家圖書館藏。

08444 南禺書畫目一卷 （明）豐坊輯　手稿本

張廷濟跋。上海圖書館藏。

細膩歛石則粗而硬發墨精粗美

明李草亭董云具品得執筆法於子昂沈云簽邊孝朝

侍王乃鴻緒〇侍張乃照〇侍何乃國家〇侍白下梅君武平

學七三十歲後始緣試似壬侍先是張乃秘壬隆石授人

一日間何乃生嶽中何乃叩壬再三乃告似彌日陳及出嶽行

見乃作書署枕裏袖拂几工乃曰觀其袖拂几手肘實

乃編語人梅君因〇〇及張乃徒戴某館梅君騰錄館中

遇雨兩如椅君歸告余〇學後十好年貴有為今以授

他紫〇勿出壬易而精進以底於成乃為出頁此詩如

汪先生士鉽字退谷蘇州人得執筆法云艷疲硬

我朝月得天乃好無與抗行者內嘗見其跌沈況

民即譜曰謂初學停雲彼麻姑壇陰符經入

08445 梁巘雜記不分卷 〔清〕梁巘撰 稿本
浙江圖書館藏。

蘇

文忠公居常州奏狀

高八寸九分長二尺三寸七分真楷奏摺三

頁摺痕宛然每半頁五行共二十行又年

月具銜一行據廿一行書□有畫象染設

風規与平日豐肌傴業者逈殊曾刻

入孔繼涑玉虹鑒真帖題元七豐年故

公生景祐丙子是年□□藏尚藏印

凡三心柏秘玩雲間朱氏孫□又間□□□

色印後藏印二複義陳雲繼涑寶□

後跋一幅謝采伯行書凡十署行尚有楨

08446 過雲樓書畫記不分卷 〔清〕顧文彬撰　稿本

匡高19.3厘米，廣13.4厘米。半葉十行，行字不等，藍格，白口，四周單邊。蘇州圖書館藏。

法書要録卷第一 乾隆五十七年三月袁棠購藏

唐河東張彥集

後漢趙一非草書

余郡土有梁孔達姜孟頴者皆當世之彥哲也然慕

張生之草書過於希顔孔焉孔達寫書以示孟頴皆

口誦其文手揩其篇無怠倦焉於是後學之徒競慕

二賢守令作篇人撰一卷以為祕玩余懼其背經而

趨俗此非所以弘道興世也又想羅趙之所見蛊沮

故為說草書本末以慰羅趙息梁姜焉竊覩有道張

君所與朱使君書稱正氣可以銷邪人無其豐姓不

有作誠可謂信道抱真知命樂天者也若夫褒杜崔

08447 法書要録十卷 〔唐〕張彥遠撰 明刻本

匡高19.5厘米，廣14厘米。半葉十一行，行二十字，白口，左右雙邊。濟南市圖書館藏。

蠣海有尚

字無咼字

墨池編卷之一

字學門

漢許慎說文序

南唐徐鉉校定說文表

晉江式論書表

唐顏真卿干祿字書序

唐李陽冰論小篆書

宋吳郡朱長文伯原纂

明青州李荀子薑刻行

明四明薛晨子熙校注

08448 墨池編二十卷 （宋）朱長文輯 （明）薛晨校注 續編三卷 （明）

李荀輯 （明）薛晨校注 明隆慶二年（1568）李荀永和堂刻本（卷六至七、十一至

十二抄配）

匡高20.2厘米，廣13.5厘米。半葉十行，行二十字，細黑口，左右雙邊。吉

林省圖書館藏。

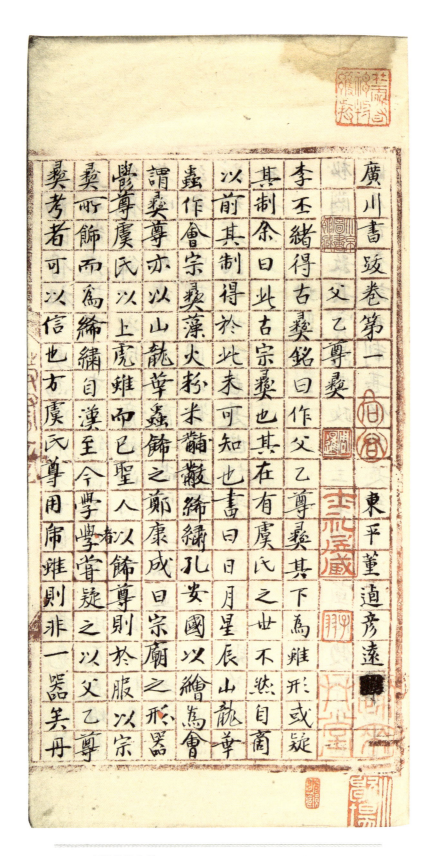

08449 廣川書跋十卷 （宋）董逌撰　明吳氏叢書堂抄本

匡高22.2厘米，廣13.7厘米。半葉十行，行二十字，紅格，紅口，四周雙邊。有"歸來草堂"、"士礼居藏"等印。葉萬、張蓉鏡跋，黃丕烈校。國家圖書館藏。

219136

蘭亭續考卷一

繭紙鼠鬚真蹟不復可見惟定武石本典刑具在展玩

無不滿人意此帖所宜寶也

右紹興癸丑歲

高皇賜鄭諶本有

御筆復古殿書四字下用御書之寶藏俞松家李

秀巖有跋在後

世傳太史箴大雅吟黃庭經樂毅論遺教經蘭亭記皆逸

少奇蹟而太史箴大雅吟不復傳黃庭雖有本然殊不類

似後世依倣而託之者遺教經又託缺過半獨樂毅論字

吳山　俞松

08450 蘭亭續考二卷 （宋）俞松輯　清抄本

半葉十一行，行二十二字。有"城南草堂鑒藏圖書記"、"更年"等印。秦更年跋。南開大學圖書館藏。

蘇米齋蘭亭考卷一

北平翁方綱

定武蘭亭考

宋周公謹齊東野語載

姜堯章禊帖偏傍考凡

以是者偶就目見所及略

疏一二而弗敢竊附於

朱俞之編例已

嘉慶丁巳十月方綱

卷末題此上板時領館北平翁〇〇

08451 蘇米齋蘭亭考四卷 〔清〕翁方綱撰　稿本

蔣攸銛、伊秉綬跋。有"蘇米齋"、"南海葉氏雲谷家藏"等印。國家圖書
館藏。

書苑菁華卷第一

錢塘陳思纂次

書法上

秦漢魏四朝用筆法

秦丞相李斯曰夫書功微妙道自然合篆籀以前耿

邈不可得而聞矣自尚方降大篆方行於世字皆古

体莫測其文古遠賢哲不能詳辯斯遂刪其繁冗取

其合宜泰為小篆尚未題達其後因程氏翻隸至於

鬼神畫哭狡兔投江自茲相効而乃興焉夫書非但

裹結流快終藉蒙恬造筆經猶用簡略變

通斯意曰若能用筆當自流病美夫用筆之法先急

08452 書苑菁華二十卷 （宋）陳思輯 明萬曆徐玄佐家抄本

半葉十一行，行二十字。有"徐印玄左"等印。徐玄佐、黃丕烈跋。國家圖
書館藏。

字學源流

總序

人文既作則有字書生民日用之至切者也古之六

書不過記其制字之義後世八法既生始求工於點

畫間而去古意遠矣雖然學者不可以不習也盖六

書本也八法末也專於八法而不校之以六書則昧

乎古專校六書而不文之以八法則戾乎今蕪古今

東吳 呂道熿 纂輯

東越 陳汝元 重校

08453 書學大成六種十一卷 （明）陳汝元編　明萬曆十九年（1591）

自刻本

匡高18.6厘米，廣12厘米。半葉九行，行二十字，白口，四周雙邊。江蘇省
如皋市圖書館藏。

碧雲仙師筆法錄

癸卯冬十月六日

青州弟子趙執信敬述

仙師忽降澄虛真人壇中云今日來

上帝命也有心印在方名澄虛傳之　他語別載　至九日敬書

心印王雷傳請

仙師至云前令方其本言筆法今日頭學乎否信拜
問平生子不遇十分之中浮其一二也云、

藝時再言他法也弟子于菩此真心余今日來心不傳

惟三人知此外皆不可其二人仲是徐夏慶

筆法有數等一用二圓三轉四直五鈎六開七成八

合上古之有者此不能出此

用筆之法全在一手一手之力全發于心心手而能

和合方可成全一字下筆之時、在於目、從心發

乎其中、者字之根也凡字必先取其根而後可

取著方成一體還有取而逃者此所謂不能用筆之

人也一筆著精業、如仙成一字而看字之外如果

之圓方可絀矣此用筆之法也幸日

08454　碧雲仙師筆法錄一卷　〔清〕趙執信撰　稿本

淄博市圖書館藏。

法帖刊誤卷上并序

左朝奉郎行祕書省祕書郎黃 伯思 撰·

淳化中內府旣博訪古遺蹟時翰林侍書王著受詔緒

正諸帖著雖號工草隸然初不深書學又昧古今故祕

閣法帖十爭中瑤珉雜糅論次乖譌世多耳觀遂久莫

辨故禮部郎米黻元章筆翰妙薦紳間在淮南幕府日

嘗跋弓尾作數百語頗有條流但槪擧其目疎略甚多

故部諸郎中或偏跡著甚而不覺者若李懷琳所作儒

夫人書逸少闓別稍久帖之類有雖審其偽而譏評未

當者若伯英大令諸草帖爲唐人書而不知乃書晉人

帖語之類有譏評雖當主名昭然而不能辨者若以田

08455 法帖刊誤二卷 （宋）黃伯思撰　清抄本

匡高19.5厘米，廣13.5厘米。半葉十一行，行二十一字，白口，四周雙邊。
盧文弨校，秦更年跋。南開大學圖書館藏。

歷代名畫記卷第一

唐河東張彥遠撰

叙畫之源流

夫畫者成教化助人倫窮神變測幽微與六籍同功
四時並運發於天然非由述作古先聖王受命應籙
則有龜字効靈龍圖呈寶自巢燧以來皆有此瑞迹
暎乎瑶牒事傳乎金冊庖犧氏發於榮河中典籍圖
畫萌矣軒轅氏得於溫洛中史皇蒼頡狀焉奎有芒
角下主辭章頡有四目仰觀垂象因儷鳥龜之跡遂
定書字之形造化不能藏其秘故天雨粟靈怪不能
遁其形故鬼夜哭是時也書畫同體而未分象制肇

08456 歷代名畫記十卷 （唐）張彥遠撰　明刻本

匡高19.4厘米，廣14.1厘米。半葉十一行，行二十字，小字雙行同，白口，
左右雙邊。南京博物院藏。

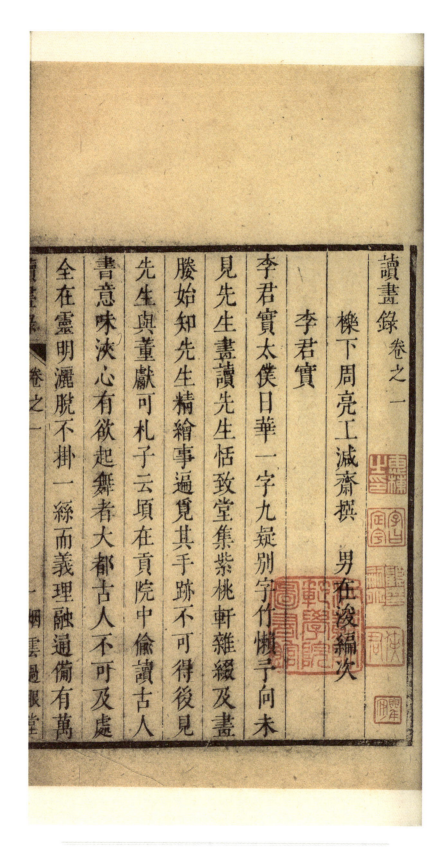

08457 讀畫録四卷 （清）周亮工撰 清康熙十二年（1673）周氏煙雲過
眼堂刻本
匡高17.5厘米，廣13.4厘米。半葉九行，行十八字，白口，四周單邊。有"惠棟
之印"、"顧印嗣立"等印。吳梅跋。蘇州大學圖書館藏。

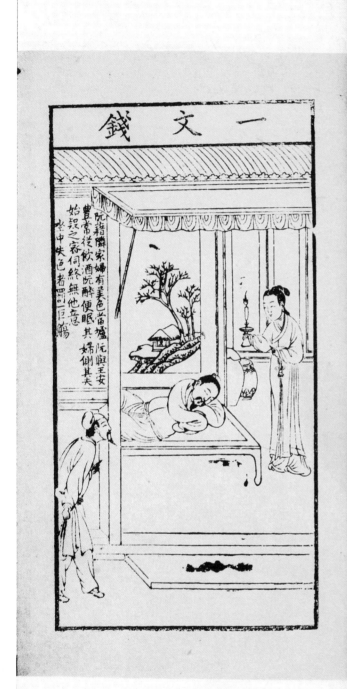

08458 酒仙譜不分卷 〔明〕許茂先編繪　明萬曆酣酣齋刻本

匡高15.2厘米，廣8.1厘米。四周單邊。安徽省博物館藏。

08459　陳章侯畫博古牌不分卷　（明）陳洪綬繪　清順治刻本

匡高16.1厘米，廣8.7厘米。四周單邊。國家圖書館藏。

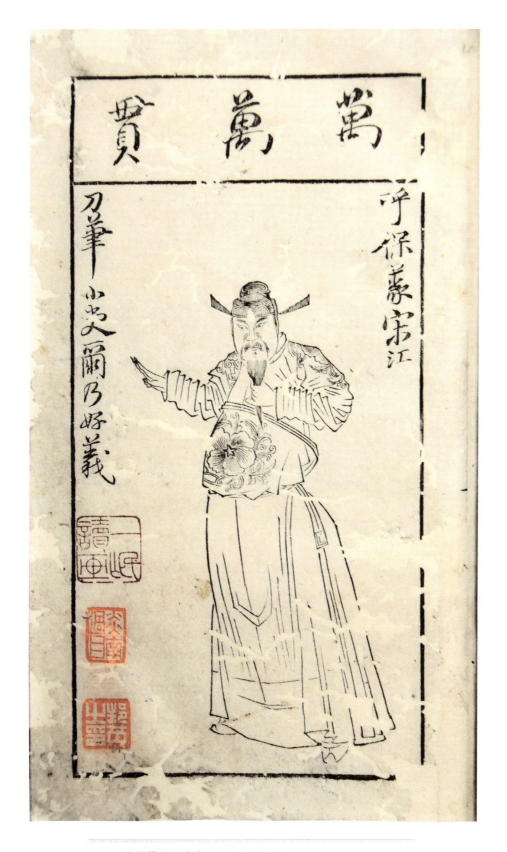

08460 水滸葉子不分卷 （明）陳洪綬繪 清初刻本

匡高17.7厘米，廣9.1厘米。四周單邊。盧子樞、賴少其、王貴忱跋。四川省
圖書館藏。

08461 **太平山水圖畫一卷** （清）蕭雲從繪　清順治五年（1648）裏古

堂刻本

經折裝。匡高19.8厘米，廣27.3厘米。四周單邊。安徽省博物館藏。

08462 芥子園畫傳五卷 〔清〕王槩輯　清康熙十八年（1679）芥子園

甥館刻彩色套印本

匡高21.3厘米，廣14.9厘米。四周單邊。清華大學圖書館藏。

08463 平定伊犁回部戰圖十六幅 〔義大利〕郎世寧等繪 清乾隆內府
銅版印本
首都圖書館藏。

和落霍澌之捷
今春我師勒迅夷
首我賓和蔣霍澌
斬將賽旗早報捷
酬勞須責已有差
即今生解俘囚丕
回泒趙特軍桑伊
散秩大臣曾援職
乃敢倡亂如鴟鴞
面詢彼而政敗叔
覘知我寨設計奇
昨舌惟欲天奪其
波眾猶有千餘騎
輻重遠行誘我逐
屢伏賊擦陰巇官
軍四百始馳丞少
騎示貂山之陸我
進波乃竄涌集銳
敝如兩循環施我
軍曾無一傷去百
鋒突入矢齋裝賊
乃喪膽紛雜披庶
壞隴稚名逃命大
鞚大膊張軍威殲
波屍僵近四百負
傷遁者數岳獸
是誠天助領手慶奮勇
酉去資人為問承
軍去進人雀迫勇

昊恩昭

福康安奏

報生擒莊大

田信至詩以

誌喜

戊申仲

春下澣

御筆

08464 御題平定臺灣全圖十二幅 （清）高宗弘曆題詩　清乾隆内府銅
版印本
首都圖書館藏。

正殿捷
信盼連
朝勿接淮
音至自途
鹿耳鯤身
防海逸紮
城瑯嶠蓑山
跳一之為甚
竟致再鷗阮
成擒宣赦鵑
永緒瀚瑋揚
國八昌呆堯

08465 禮器碑 東漢永壽二年（156）刻石 明拓本

十九開。有"夕紅廎"、"周氏大烈"、"桂堂"等印。周大烈題簽並題
跋。中國文化遺產研究院藏。

歷代帝王法帖第一

漢章帝書

辰宿列張□□海鹹河淡

鱗潛羽翔龍師火帝鳥官人

皇始制文字乃服衣裳

壹發四瀆波洹世情已長

不璽兆尚寸□祿孝當

謁力忠興泡若思懷終豆今

學□筆仕揆殊洸汉□巳二

泉肖岂面洛淳湯兒而柔璞

08466　淳化閣帖十卷　（明）溫如玉　張應召摹　明萬曆四十三年至天啓
二年（1615-1622）肅王府刻石　初拓本
甘肅省博物館藏。

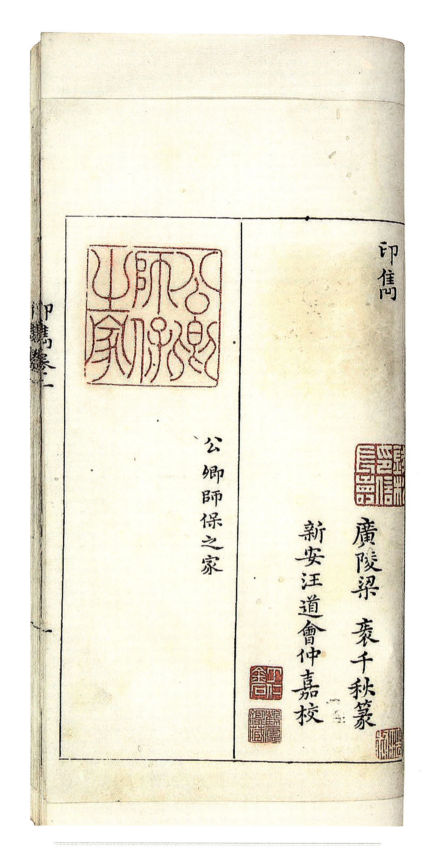

08467、08468 **印雋四卷** （明）梁袠篆刻並輯　明萬曆三十八年（1610）

鈐印本

匡高20.2厘米，廣13.5厘米。行字不等，白口，四周單邊。浙江圖書館藏；

安徽中國徽州文化博物館藏，存二卷。

印法參同卷之一

新都　徐上達　伯達　著

長男　鳳來　註

宛陵　梅鼎祚　禹金　校

子部　詳悉印信篆刻

官印類

主璧璋等附　節輔傳附　符

傳國璽

關傳　檠附　牌　券契符驗附

別璽　附印　寶

08469　印法參同四十二卷　（明）徐上達輯　明萬曆四十二年（1614）

鈐印本

匡高23.3厘米，廣14.5厘米。行字不等，白口，四周雙邊。西泠印社藏。

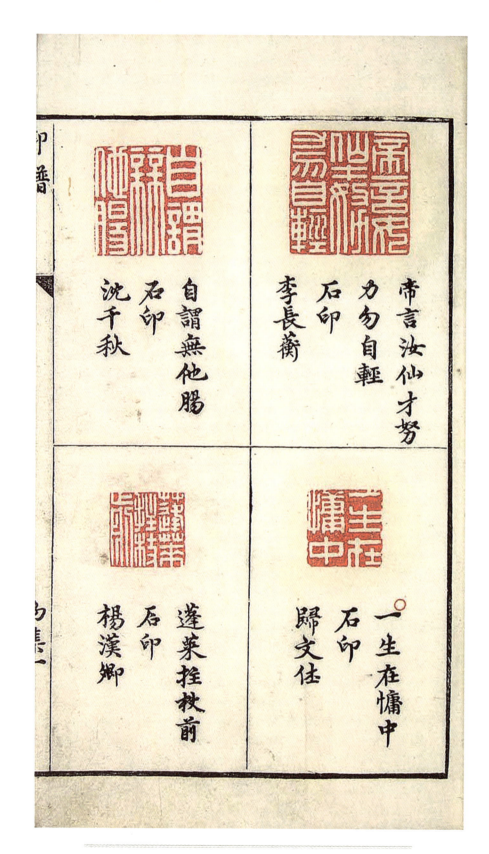

08470、08471 承清館印譜初集一卷續集一卷 （明）張灝輯　明刻

鈐印本

匡高22.1厘米，廣14.3厘米。行字不等，白口，四周單邊。江蘇省常熟市
圖書館藏，有"鐵琴銅劍樓"、"古里瞿氏"等印；浙江圖書館藏，傅以禮
跋，楊浚題款。

08472 蘇氏印略三卷 （明）蘇宣篆刻並輯　明萬曆四十五年（1617）鈐

印本

匡高20厘米，廣14.5厘米。行字不等，白口，四周單邊。西泠印社藏。

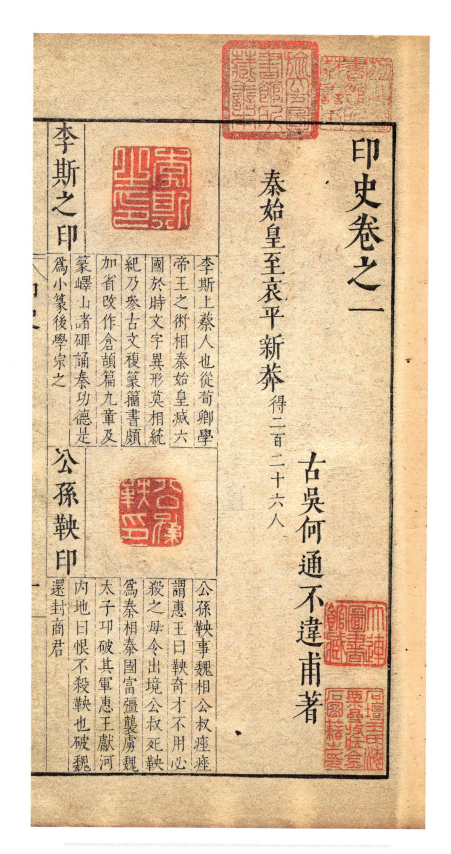

08473 印史五卷 （明）何通撰　明天啓刻鈐印本

匡高23.3厘米，廣13.6厘米。行字不等，白口，四周單邊。大連圖書館藏。

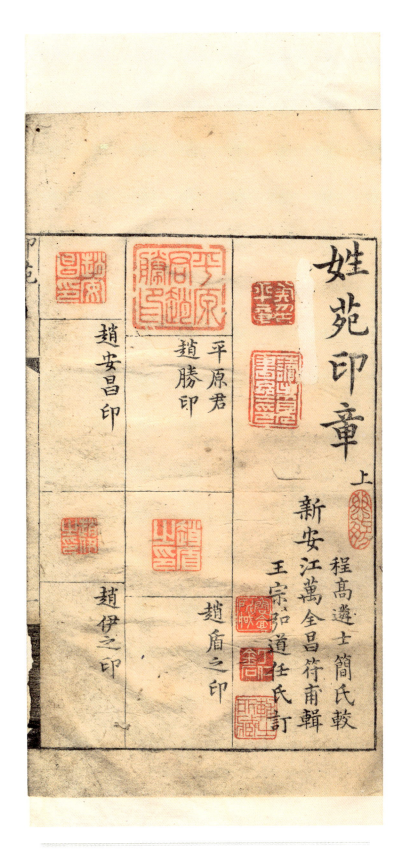

08474 姓苑印章二卷 （明）江萬全輯 明崇禎二年（1629）鈐印本

匡高19.3厘米，廣13.5厘米。行字不等，上白口下黑口，四周單邊。西泠印社藏。

08475　學山堂印譜八卷附學山記一卷學山紀遊一卷學山題詠一卷

（明）張灝輯　明崇禎刻鈐印本

匡高22.4厘米，廣13.2厘米。行字不等，白口，四周單邊。佛山市圖書館藏，存一卷。

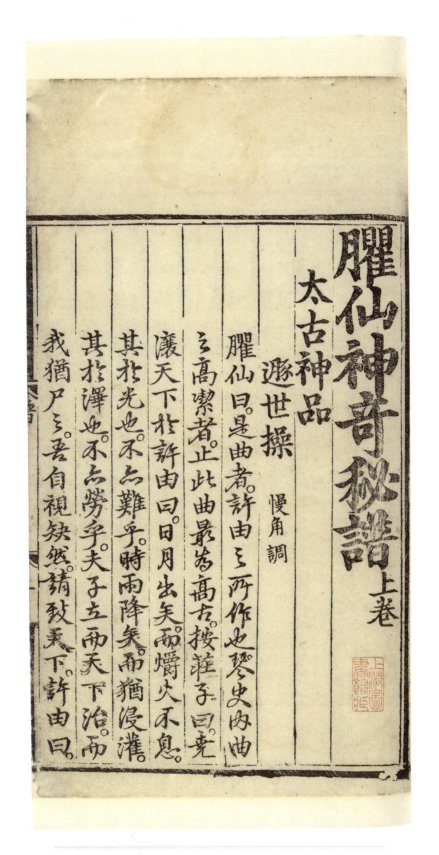

08476 臞仙神奇秘譜三卷 （明）朱權輯　明洪熙元年（1425）刻本

匡高22.9厘米，廣15.8厘米。半葉十行，行二十字，黑口，四周雙邊。上海
圖書館藏。

青蓮舫琴雅卷之一

雲間林有麟仁甫輯

琴之正度長八尺一寸宜用古尺身自額至岳

長二寸四分岳後三分中間自臨岳至龍齦盡

處三尺四寸二分共長三尺六寸六分額自舌

橫量濶五寸二分承露前五寸一分岳後入項

濶五寸比額收煞二分項中間濶四寸肩濶六

寸腰中間濶四寸一分尾濶三寸九分並取底

板比量與式備録于後

08477 青蓮舫琴雅四卷 （明）林有麟輯　明萬曆刻本

匡高21.4厘米，廣14厘米。半葉九行，行二十字，白口，左右雙邊。雲南大學圖書館藏。

奕藪元集

滿局說

海陽　　具瞻蘇之軾編輯

亦可程明宗校評

奕之力量智巧全於滿局見之卽兵之酣戰也稍有
一意不沉着一着不工緻寸瑕掩全瑜非完局矣茲
取五十局亦庶幾盡奕之量云

08478　奕藪四卷棋經注一卷　（明）蘇之軾撰　明天啓二年（1622）自
刻三色套印本
匡高22厘米，廣14厘米。半葉八行，行二十字，白口，四周單邊。遼寧省圖
書館藏。

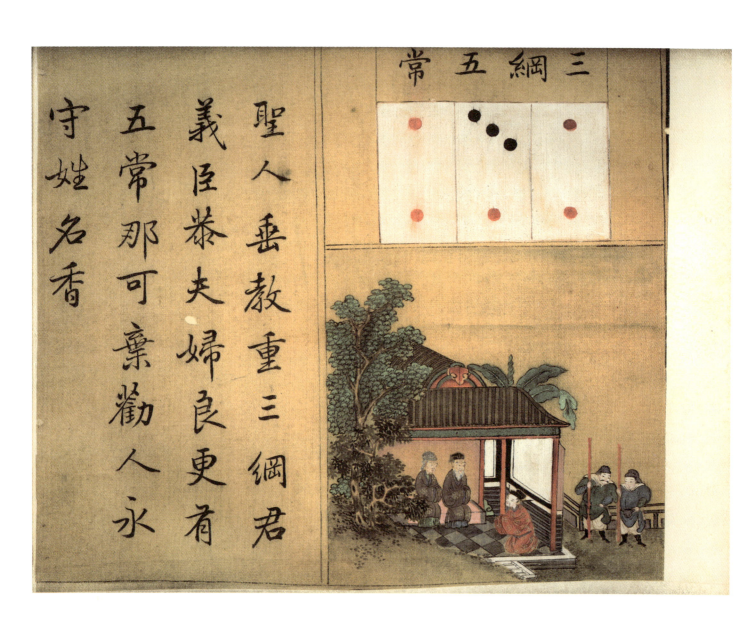

三綱五常

聖人垂教重三綱君

義臣恭夫婦良更有

五常那可棄勸人永

守姓名香

08479 宣和牌譜不分卷 明成化彩繪本

北京大學圖書館藏。

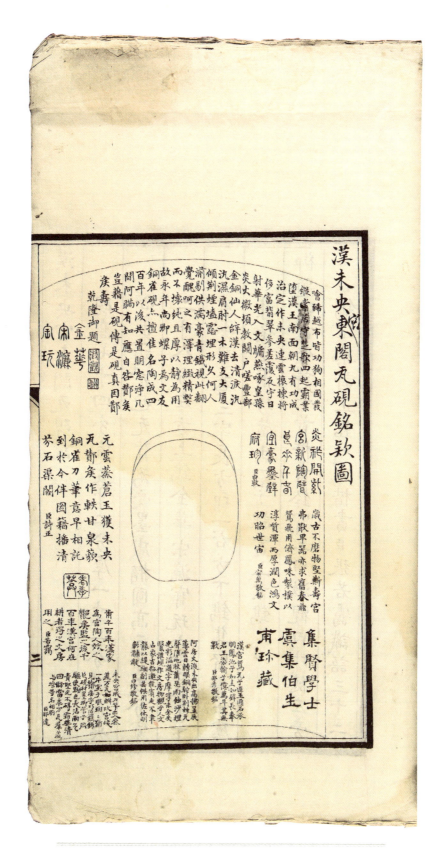

08480 西清硯譜二十四卷 清内府抄本[四庫底本]

匡高22.5厘米，廣15.3厘米。半葉八行，行二十一字，白口，四周雙邊。國家圖書館藏。

墨譜卷上目錄

墨譜卷二

圖

採松

造窰

燊火

取煤

和製

目錄

一

宋趙郡李孝美編次

明古歙潘方凱重梓

08481 墨譜三卷 〔宋〕李孝美編次 明潘方凱刻本

匡高19.9厘米，廣13.4厘米。半葉九行，行十八字，白口，四周單邊。煙臺
圖書館藏。

尺苑

原度

易通卦驗燧人始出握機矩表計寘其刻白蒼牙通靈昌
之成康成曰矩法也刻謂刻石記之管子曰心生規二生
矩二生方之則也令木工謂之曲尺篩以白牙角而刻分
寸其上機所以引繩墨俗呼墨斗表即矩計度量寘亦制
也蓋燧皇既以火食教民乃手揑機表而刻白蒼牙于矩
計量制度待通靈之伏羲出而制為宮室以成之然則度
之所始實權輿于燧人之世矣

海寧吳 騫槎客

08482 尺苑不分卷 〔清〕吳騫撰　稿本

上海圖書館藏。

08483、08484 飲膳正要三卷 （元）忽思慧撰　明景泰七年（1456）内府刻本

匡高24.4厘米，廣18.6厘米。半葉十行，行二十字，黑口，四周雙邊。北京大學圖書館藏；西北師範大學圖書館藏，為明景泰七年（1456）内府刻後印本。

欽定四庫全書

糖霜譜

宋 王灼 撰

原委第一

糖霜一名糖冰福唐四明番禺廣漢遂寧有之獨遂寧
為冠四郡所產甚微而碎色淺味薄纔比遂之最下者
凡物以布有難致見珍故查梨橙柑荔枝楊梅四方不

欽定四庫全書

糖霜譜　一

盡出乃貴重於世若甘蔗所在皆植所植皆善非異物
也至結蔗為霜則中國之大止此五郡又遂寧專美焉
外之卉服戎蠻皆有佳蔗而糖霜無聞此物理之不可
詰也先時唐大歷間有僧號鄒和尚不知所從來跨白
驢登繖山結茅以居須鹽米薪菜之屬即書付紙繫錢
遣驢負至市區人知為鄒也取平直挂物於鞍縱之歸
一日驢犯山下黃氏者蔗苗黃請償於鄒鄒曰汝未知
窨蔗糖為霜利當十倍吾語女塞責可乎試之果信自
是流傳其法糖霜戶近山或望繖山者皆如意不然萬

08485　糖霜譜一卷　（宋）王灼撰　清乾隆內府寫文津閣四庫全書本

匡高21.8厘米，廣15.6厘米。半葉八行，行二十一字，紅格，白口，四周雙
邊。有"文津閣寶"等印。柳州市博物館藏。

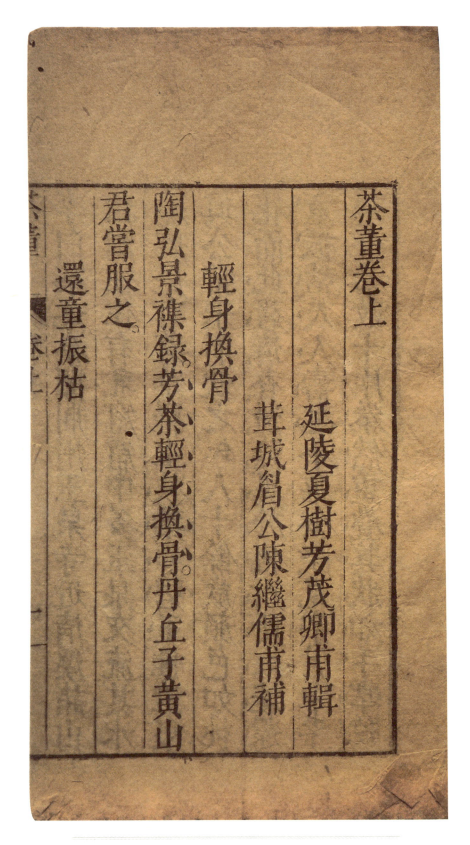

茶董卷上

延陵夏樹芳茂卿甫輯

茸城眉公陳繼儒甫補

輕身換骨

陶弘景襍録芳茶輕身換骨丹丘子黃山

君嘗服之。

還童振枯

08486 茶董二卷酒顛二卷 （明）夏樹芳輯　**茶董補二卷酒顛補三卷**

（明）陳繼儒輯　明萬曆刻本

匡高18.2厘米，廣12.2厘米。半葉七行，行十六字，白口，四周單邊。黃岡
市圖書館藏。

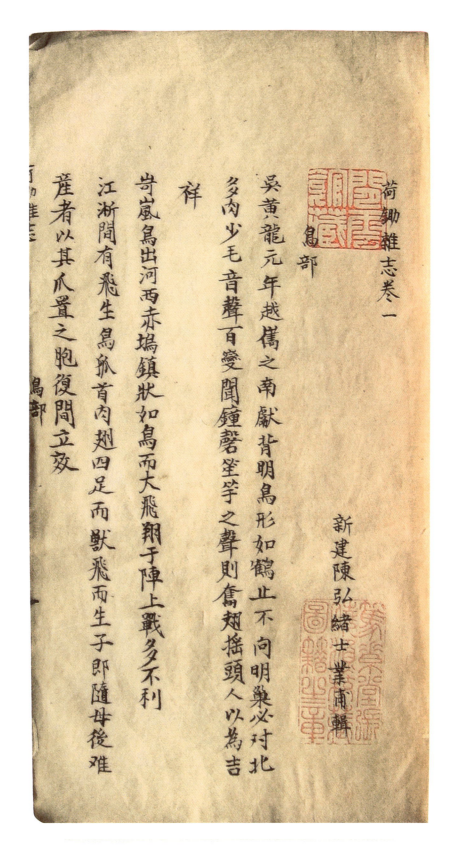

荷鋤雜志卷一

息部

新建陳弘緒士業甫輯

吳黃龍元年越巂之南獻背明鳥形如鶴止不向明巢必対北

多肉少毛音聲百變聞鐘磬笙竽之聲則奮翅搖頭人以為吉

祥

岢嵐鳥出河西赤塢鎮狀如鳥而大飛翔于陣上戰多不利

江淛間有飛生鳥狐首肉翅四足而獸飛而生子即隨母後難

產者以其爪置之胞復間立效

鳥部

08487 荷鋤雜志十一卷 （清）陳弘緒輯 清抄本

江西省圖書館藏。

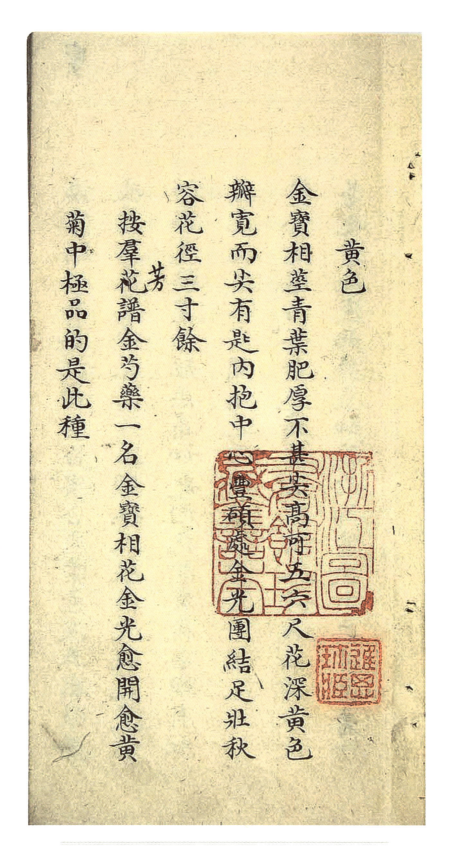

黄色

金寶相莖青葉肥厚不甚尖高矴五六尺花深黄色

瓣寬而尖有匙内抱中心豐頷處金光團結足壯秋

容花徑三寸餘

　　芳

按羣花譜金芍藥一名金寶相花金光愈開愈黄

菊中極品的是此種

08488 菊譜一卷　〔清〕吳升撰　稿本

張宗祥跋。浙江圖書館藏。

重刊訂正秋蟲譜上卷

宋　平章　賈　　　　　　輯

明　　　王　　　　校

步虛子隆　重校

促織論

論曰天下之物有見愛於人者君子必不棄焉何也

天之生物不齊而人之所好亦異也好非外鑠吾性

之情發也情發而好物焉殆有可好之實存於中矣

08489　重刊訂正秋蟲譜二卷　題（宋）賈似道撰　明嘉靖刻本

匡高19.3厘米，廣12.6厘米。半葉八行，行二十字，白口，四周雙邊。寧波市天一閣博物館藏。

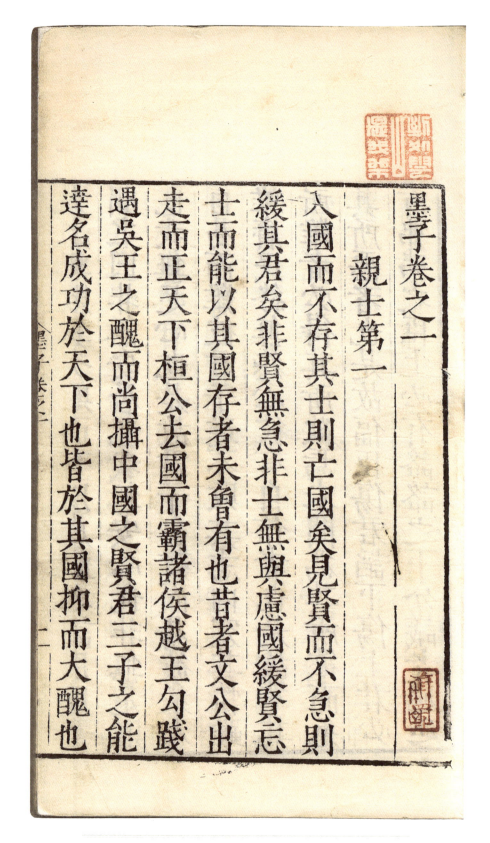

08490、08491 墨子十五卷　明嘉靖江藩刻本

匡高19.2厘米，廣13.6厘米。半葉八行，行十七字，白口，四周單邊。天津
圖書館藏；武漢大學圖書館藏，有抄配。

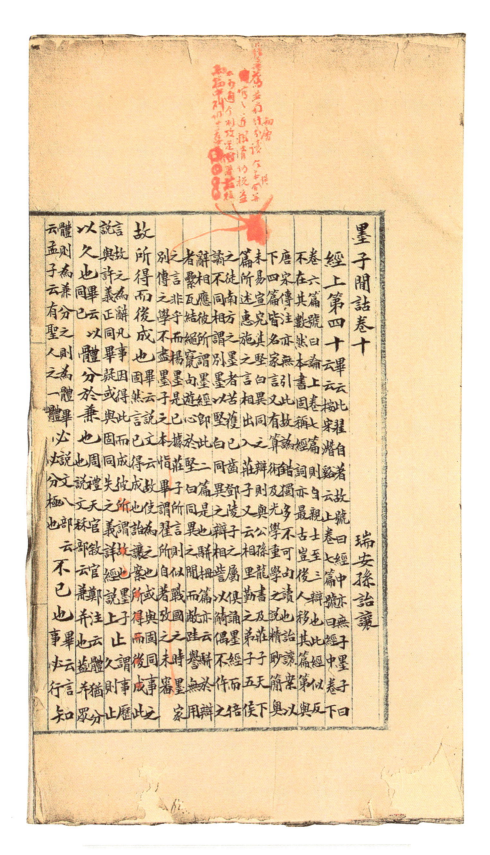

08492 墨子閒詁十五卷 （清）孫詒讓撰 稿本

匡高17.1厘米，廣11.7厘米。半葉十二行，行字不等，藍格，白口，左右雙邊。浙江省瑞安市文物館藏，存一卷。

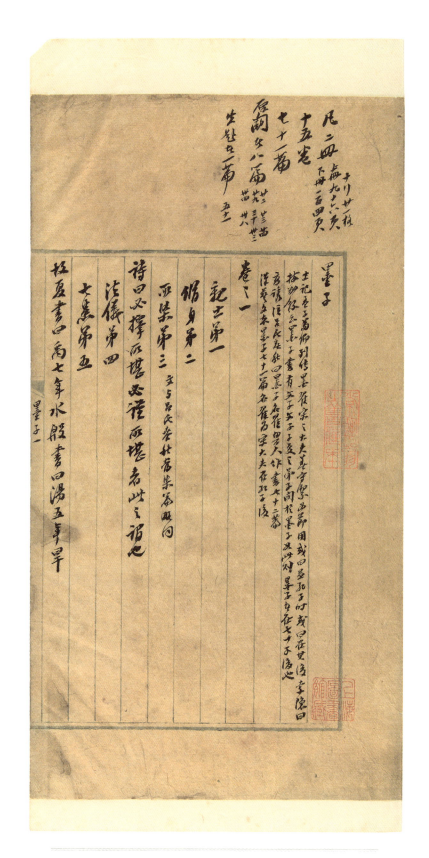

08493 墨子校記一卷 〔清〕翁方綱撰 手稿本

匡高19.8厘米，廣13厘米。半葉十一行，行字不等，藍格，白口，四周雙邊。上海圖書館藏。

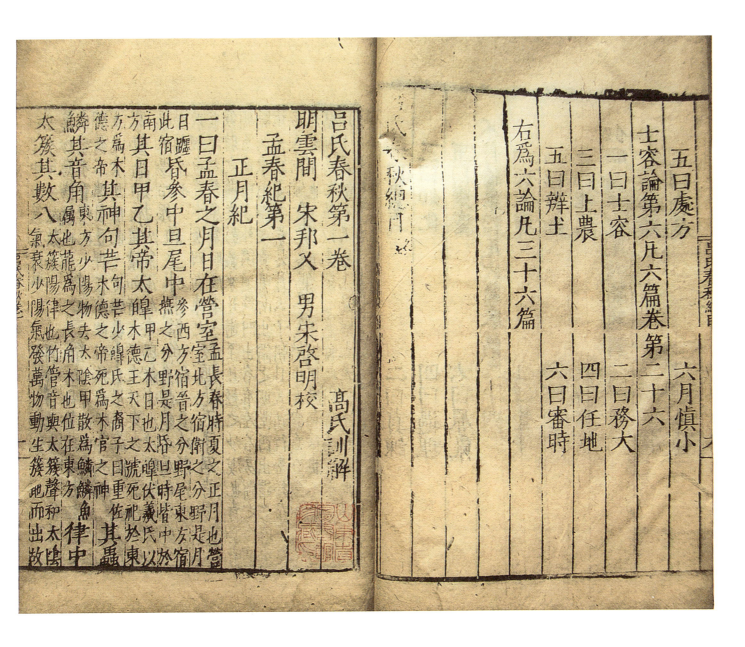

右側頁：

五曰處方

士容論第六凡六篇卷第二十六

一曰士容

二曰務大

三曰上農

四曰任地

五曰辯土

六曰審時

右為六論凡三十六篇

六月慎小

左側頁：

呂氏春秋第一卷

明雲間　宋邦乂　男宋啓明校　　高氏訓解

孟春紀第一

正月紀

一曰孟春之月日在營室室昏參中旦尾中其日甲乙其帝太皡其神句芒其蟲鱗其音角律中太簇其數八其味酸其臭羶其祀戶祭先脾東風解凍蟄蟲始振魚上冰獺祭魚候雁北天子居青陽左個乘鸞輅駕蒼龍

明雲間　宋邦乂　男宋啓明校

孟春紀第一

正月紀

一曰孟春之月日在營室室昏參中旦尾中此宿皆東方之分野是月也日躔在營室昏參中旦尾中皆以昏旦中於南方其日甲乙太皡木德之帝死祀於東方為木官之神重之子曰該死託祀於西方皆以木王

其日甲乙其帝太皡其神句芒其蟲鱗其音角律中太簇其數八氣衰少陽氣發萬物動與生太簇地而出故曰

方為木太皡伏羲氏帝太皡之裔官之神木德王天下號也其死神重佐之方東也

南方之宿參西方之宿尾東方之宿

德之帝少陽物去陰甲位散在東方為鱗鱗魚也

鱗其音角屬此太簇陽律也太簇者散也竹管音也

太簇其數八氣衰少陽氣發萬物動興生太簇聲和而出故曰

08494 呂氏春秋二十六卷　（漢）高誘注　明宋邦乂等刻本

匡高19.3厘米，廣14.5厘米。半葉十行，行二十字，小字雙行同，白口，左右雙邊。山東省圖書館藏。

呂氏春秋卷第一

巡按直隸監察御史陳世寶訂正

河南按察司僉事朱東光纂補

直隸鳳陽府知府張登雲繕校

孟春紀第一

本生　重巳　貴公　去私

呂氏春秋訓解　高氏

一曰孟春之月日在營室　孟長春時夏之正月也營室北方宿衛之分野是月

昏參中旦尾中　參西方宿晉之分野尾東方宿燕之分野是月昏旦時皆中校

日躔此宿

其日甲乙其帝太皞　甲乙木日也太皞伏羲氏以木德王天下之號死祀於東

方南

08495 呂氏春秋二十六卷 （漢）高誘注 明萬曆七年（1579）張登雲刻藍印本

匡高21.7厘米，廣15.5厘米。半葉十行，行二十字，小字雙行同，藍格，白口，左右雙邊。葉德輝跋。國家圖書館藏。

東坡先生志林卷一

　　　　瑯琊焦竑弱侯評

記游

記過合浦

余自海康適合浦連日大雨橋梁大壞水無津
涯自興廉村淨行院下乘小舟至官寨聞自此
西皆漲水無復橋船或勸乘蜒並海郎白石是
日六月晦無月碇宿大海中天水相接星河滿

東坡志林卷一

08496、08497 東坡先生志林五卷 〔宋〕蘇軾撰　明刻套印本

匡高19.9厘米，廣14.6厘米。半葉八行，行十八字，白口，四周單邊。長春
圖書館、遼寧省圖書館藏。

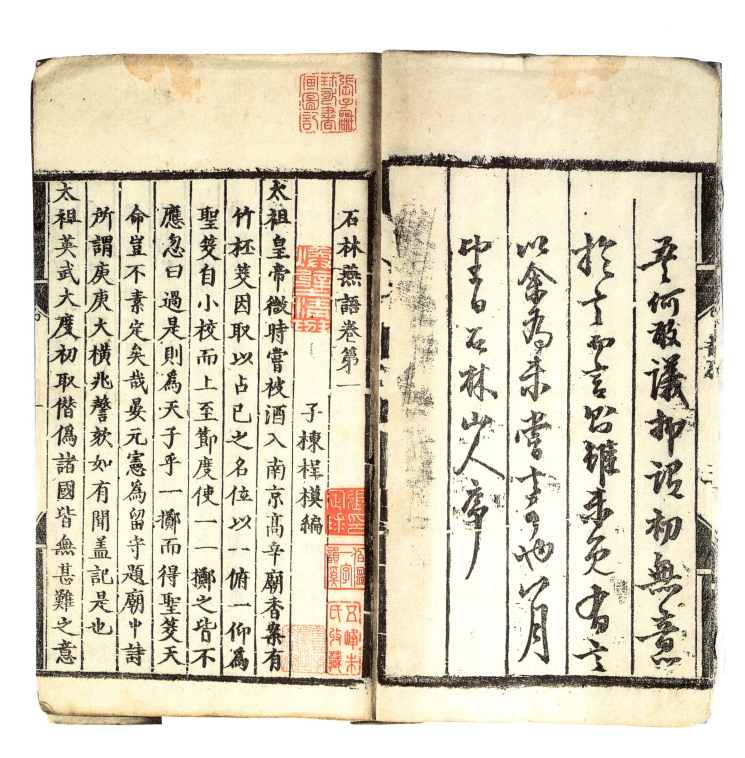

石林燕語卷第一

子棟樗模編

太祖皇帝微時嘗被酒入南京高辛廟香案有

竹杯筊因取以占已之名位以一俯一仰為

聖筊自小校而上至節慶使一一擲之皆不

應忽曰過是則為天子乎一擲而得聖筊天

命豈不素定矣哉晏元憲為留守題廟中詩

所謂庚大橫兆譬欷如有開盖記是也

太祖英武大度初取僭偽諸國皆無甚難之意

08498、08499 石林燕語十卷 （宋）葉夢得撰　明正德元年（1506）楊

武刻本

匡高20.7厘米，廣14.6厘米。半葉九行，行十八字，黑口，四周單邊。華南

師範大學圖書館、江蘇省常熟市博物館藏。

乙卯避暑錄話卷上

杜子美飲中八仙歌賀知章汝陽王璡崔宗之蘇晉李白

張長史旭焦遂李適之與子美也適之坐李林甫諧求為

散職乃以太子少保罷政事命下與親戚故人歡飲賦詩曰

避賢初罷相樂聖且銜盃為問門前今朝幾箇來可以

賢者是也適之以天寶五載罷相即貶死袁州而子美十

見其超然無所芥蒂之意則子美詩所謂銜盃樂聖稱世

載方以秋賦得官疑非相與周旋者盖但記能飲者耳

惟焦遂名跡不見他書適之之去自為得計而終不免於

死不能終其詩意林甫之怨豈至是哉水炭不可同器不

論怨有淺深也乃知弃宰相之重而求一杯之樂有不能

08500 乙卯避暑錄話二卷 （宋）葉夢得撰　明抄本

半葉十一行，行二十二字。鮑廷博跋。湖南圖書館藏。

元城語録解 卷之上

朝散郎主管江州太平觀賜緋魚袋馬永卿編

後學開州端溪子王崇慶解

僕初見先生問僕鄉里且曰王鞏安否僕對曰王學士安

樂來赴任時嘗往別之後兩日知縣詹承議輔語僕曰適見劉

待制云新主簿可教因問何以得之公曰後生不稱前輩表德

此爲得體又曰此公極慎許可吾友一見已蒙稱道此可重也

王學士字定國從先生學居於高郵之始今夫前輩表德稱不

解曰此爲永卿受教元城之
稱顧何足恤而元城取焉蓋其一念忠厚之發終身德業之地
於是乎在不但爲得體而已焉呼彼有童心未除客氣未除而

方傲視尊長抗禮父兄甚者從而
毀焉謂求鄉之罪人非與

08501 元城語録解三卷附行録解一卷 （明）王崇慶撰 明刻本
匡高22.4厘米，廣15.3厘米。半葉十行，行二十四字，小字雙行同，白口，
四周單邊。廣東省立中山圖書館藏。

114

靜齋至正直記卷之一　　　元　　闕里外史行素著

雜記直筆

雜記者記其事也凡所見聞可以感發人心者

或里巷方言可為後世之戒者一事一物可為

傳聞多識之助者隨所記而筆之以備觀省未

暇定為次第也至正庚子春三月壬寅記時寓

鄞之東湖上水居袁氏祠之傍

國朝每歲四月駕幸上都避暑為故事至重九還大

08502　靜齋至正直記四卷　（元）孔齊撰　清初抄本

半葉九行，行二十字。大連圖書館藏。

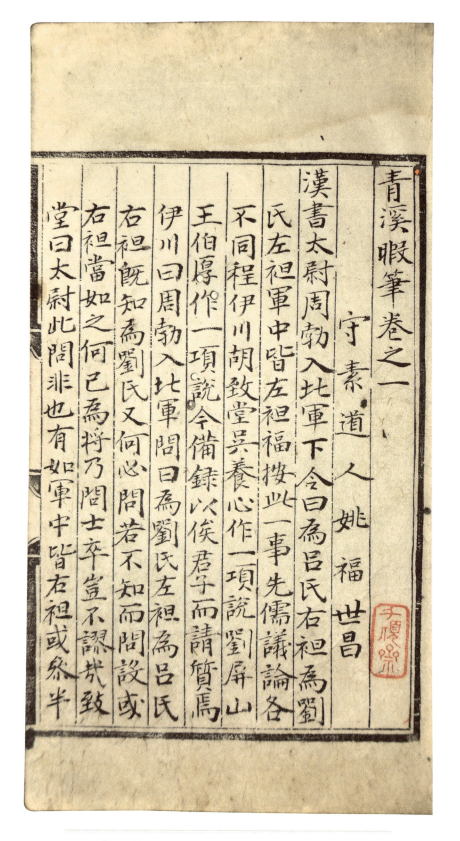

08503 青溪暇筆二十卷 （明）姚福撰　明抄本

匡高20厘米，廣13.4厘米。半葉十行，行字不等，黑口，四周雙邊。青島市博物館藏。

震澤長語卷上

經傳

漢初六經皆出秦火煨燼之末孔壁剝蝕之餘然去
古未遠尚遺孔門之舊公羊穀梁蓋傳子夏氏之學
儀禮有子夏傳易有子夏傳而卜之詩序相傳亦云
子夏作易傳於商瞿書傳於伏生之口孔安國又得
於孔壁所藏劉向別録云虞卿作抄撮九卷授荀卿
卿授張蒼然則蒼師荀卿者也左傳出蒼家蒼亦有
功於斯文矣浮丘伯亦荀卿門人申公事之是爲魯
詩根牟子傳荀卿子荀卿子傳大毛公是爲毛詩是

震澤長語　卷上　一

三百六十二

08504 震澤長語二卷　（明）王鏊撰　明萬曆刻本

匡高22.5厘米，廣14厘米。半葉十行，行二十字，白口，四周單邊。有"清
蔭堂"等印。王仁俊批校。南開大學圖書館藏。

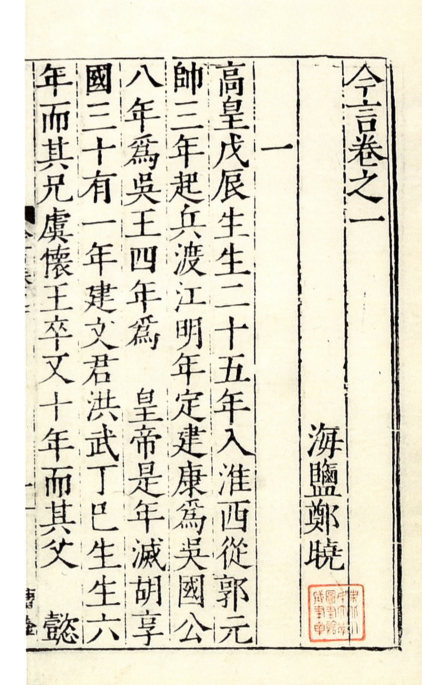

今言卷之一

海鹽鄭曉

一

高皇戊辰生生二十五年入淮西從郭元

帥三年起兵渡江明年定建康爲吳國公

八年爲吳王四年爲　皇帝是年滅胡享

國三十有一年建文君洪武丁巳生生六

年而其兄虞懷王卒文十年而其父

08505 古言二卷今言四卷 （明）鄭曉撰　明嘉靖四十四年（1565）項

篤壽刻本

匡高20.8厘米，廣13厘米。半葉八行，行十六字，白口，古言四周雙邊，今

言左右雙邊。吉林大學圖書館藏。

稽古緒論卷上

子貢欲去告朔之餼羊

名實之不孚子君子之所深憂也世之弊於名義矣彼方竊
以自大眩以自高而孰與相憂如是則其實不容以不盡
廢名徒存而實畫廢天下幾何而不入於大亂乎夫亂之
生君子之所深憂也憂之將奈何夫將欲憂天大亂則必有
大聖人以濟之於大治之域此非君子之力所能強而至
者故卒之以無策則憤其名而欲併去之此君子之所以
存心非君子之所能為世固不當以聖人之所為病君子
君子亦非不當以聖人之所為强自任也子貢欲去告朔之

08506 稽古緒論二卷 （明）趙時春撰 明嘉靖刻本

匡高20.2厘米，廣13.9厘米。半葉十行，行二十二字，白口，四周單邊。北
京師範大學圖書館藏。

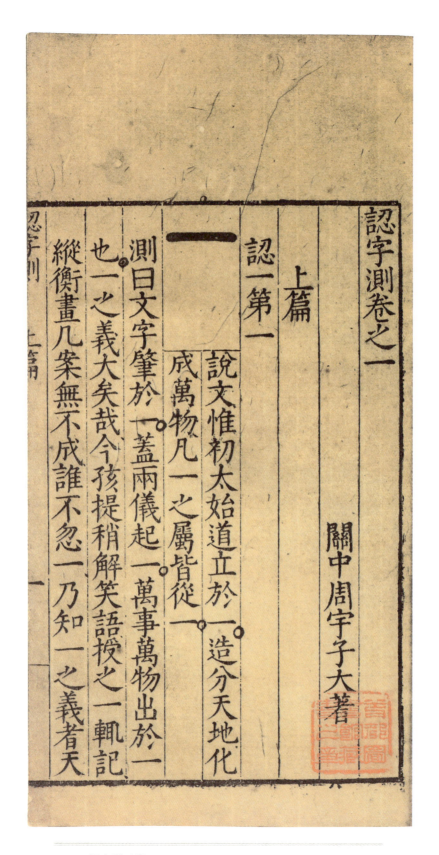

08507 認字測三卷 （明）周宇撰 明萬曆三十九年（1611）周傳誦刻本
匡高20.2厘米，廣13.4厘米。半葉九行，行二十字，白口，四周單邊。首都
圖書館藏。

譚輅卷上

長洲張鳳翼伯起著

任昉作王儉集序。有攻乎異端歸之正義。可見攻字從攻擊之攻而集註作專治不知何所本我　皇祖說論語與之暗合亦以擊訓攻止訓已如云攻去異端則空自止極痛快明白及夷狄有君之駁亦更正大可見天挺之資自與章句儒不同惜當時文學侍從皆腐儒惟拘執舊說不能牽順也。

論語托孤寄命章言托六尺孤而臨大節不可奪如後世霍光之類寄百里命而臨大節不可奪即孟子所謂劾

08508 譚輅三卷 （明）張鳳翼撰　明萬曆刻本

匡高19.6厘米，廣13.7厘米。半葉十行，行二十二字，白口，左右雙邊。遼寧省圖書館藏。

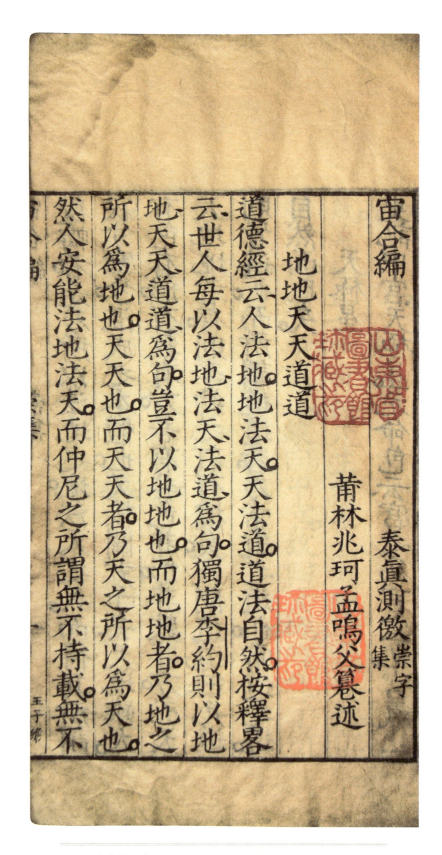

08509 宙合編八卷 〔明〕林兆珂撰　明萬曆刻本

匡高20.1厘米，廣14.2厘米。半葉八行，行二十字，白口，四周單邊。山東省圖書館藏。

嘉言摘粹卷一

長洲後學姚光祚

門人丁寧荐

徽昌父纂

百原父校

君道

閔子騫為費宰問政於孔子子曰以德以法夫德法者御民之具猶御馬之有銜勒也君者人也吏者銜也刑者策也夫人君之政執其銜策而已矣子騫曰敢問古者天子以内史為左右手以德法為銜勒以百官為繮以刑罰為策以萬民為

08510 嘉言摘粹十卷 （明）姚光祚撰　明萬曆二十五年（1597）刻本

匡高21厘米，廣12厘米。半葉九行，行二十字，小字雙行同，白口，四周單邊。吉林省圖書館藏。

巾箱說卷

會稽　蟄門　金埴　克誠　小郊　譔

古之稱闕里者其說各異所言二石闕曰闕里其謬遠
矣漢稱孔子闕里無故荊棘自除從講堂至里門此說
近是自孔子作春秋號稱素王闕里者素王之庭除也
歷代之庭曰帝闕曰金闕曰玉闕曰鳳闕曰魏闕曰闕
下皆帝庭之稱也聖人之庭曰闕里諸弟子所以尊聖
人乃別羣祀之稱也按劉熙釋名闕闕也在門兩旁中
央闕然為道也崔豹古今注人至此則思其所闕故曰
謂之闕金埴曰凡世之人讀孔子之書者一至闕里則亦
當思其所闕也

一

08511 巾箱說一卷 （清）金埴撰　稿本

有"八千卷樓"、"嘉惠堂丁氏藏"等印。丁丙跋。南京圖書館藏。

茶餘客話卷一

山陽阮葵生吾山著

烏程戴璐薌畦輯選

康熙辛丑元旦早朝禮畢同赴內廷獻壽大學士馬
公齊以下十四人時大學士王公頊齡年八十松公
柱蕭公永藻王公掞張公鵬翮田大司農從興皆七
十以上馬公及貝大宗伯郭諸孫大司馬杜頼大司
寇都陳大司空元龍党撫憲阿頼年皆七十蔡大宗
伯升元張大司冠廷樞年六十八上有

08512 茶餘客話十二卷 （清）阮葵生撰 （清）戴璐輯 清乾隆五十八
年（1793）七錄齋活字印本
匡高14.5厘米，廣10.2厘米。半葉九行，行二十字，白口，四周單邊。有"周
氏叔弢"等印。天津圖書館藏。

蘭舫筆記

太湖即五湖、又名笠澤、跨江蘇安徽浙江三省、週圍三萬

六千頃上有七十二山繞之屬在江之常州屬府者有

百口通爲曰百瀆港最大者名烏溪口宜荆民患盜賊

出没欲截塞爲呈撫時中丞明公委余查勘以

口有稅關固織造管也使受命織造薩公以事關國

課未便堵截爲言余往勘見商船絡繹勢不能塞、

並見別口皆木樁零落遂具詳修整而于烏溪請

設把總駐防爲而宜荆民實未能除害也、

08513 蘭舫筆記一卷 〔清〕常輝撰 稿本

浙江大學圖書館藏。

08514 秦敦夫筆錄二卷 （清）秦恩復撰　手稿本

匡高18.1厘米，廣12厘米。半葉九行，行字不等，白口，左右雙邊。上海圖書館藏。

憶書

楊鑄字怡齋昭武將軍孫以廩膳生襲世職官古北口
總兵　聖祖以其嘗習文命誦大學鑄誦至半偶忘之
奏曰臣數年理軍務致疎舊業　上曰朕一日萬幾尚
不忘乃自首腹誦至末鑄叩頭曰　皇上天縱豈小臣
所能及　上又問能詩否對曰尚能因賦詩一章而退
嘉慶戊辰秋楊竹廬都尉拓於誦亭莊看桂偶述此事
都尉為怡齋曾孫
近世論書以同劉梁王並稱然到文清石州三家皆江
周山艮觀察王蓍棲太守皆並稱周王梁文山巘　圖觀

08515 憶書六卷 （清）焦循撰　手稿本
趙之謙跋。上海圖書館藏。

程氏演繁露卷之一

宋新安程大昌著

明族喬孫煦校刻

牛車

漢䄃馬少故曰自天子不能具醇駟將相或乘牛車言
惟天子之車然後有馬然亦不能純具一色至將相則
時或駕牛也自吳楚誅後諸侯惟是食租衣稅無有橫
入故貧者也乘牛車則此之以牛而駕自緣貧窶無資
可具非有禁約也漢帝元成以列侯侍祠天雨淖不駕
駟馬車而騎至廟下有司劾奏削爵則舍車而騎漢已
有禁矣東晉惟許乘車其或騎者御史彈之則漢法仍

08516 程氏演繁露十六卷續集六卷 （宋）程大昌撰　明嘉靖三十年
（1551）程煦刻本
匡高18.1厘米，廣12.8厘米。半葉十一行，行二十一字，白口，左右雙邊。
天津圖書館藏。

野客叢書卷第一

長洲 王楙

漢再受命之兆

元城先生夏至日與門人論陰陽消長之理以謂物
禁太盛者衰之始也門人因曰漢宣帝甘露三年呼
韓邪單于稽侯狦來朝此漢極盛時也是年王政君
得幸於皇太子生帝驁於甲觀畫室焉世適皇孫此
新室代漢之兆此正夏至生一陰之時先生曰然漢
再受命已兆朕於景帝生長沙定王發之際矣蓋謂
光武長沙定王之後故也僕謂生長沙定王之時已

08517-08519 野客叢書三十卷附録野老記聞一卷 （宋）王楙撰 明
嘉靖四十一年（1562）王穀祥刻本
匡高18厘米，廣13.2厘米。半葉十行，行二十字，白口，左右雙邊。首都圖
書館、上海師範大學圖書館、杭州圖書館藏。

丹鉛總録卷之一

博南山人升菴楊慎用脩著集

滇南心泉梁佐應曾校刊

天文類

密雲不雨

易曰密雲不雨自我西郊天地之氣東北陽也西南陰也雲起東北陽倡陰必和故有雨雲起西南陰倡陽不和故無雨俗諺云雲往東一塲空雲往西馬濺泥雲往南水潭潭雲往北好晒麥是其驗也風雷亦然或問東為陽方西為陰方是矣南本陽而屬陰而何幽陰而屬陽何也曰一陽生于子仲天之氣所始也卦又當坎北非陽而何一陰生于午仲地之氣所始也卦又當離南非陰而何

08520-08523 丹鉛總録二十七卷 （明）楊慎撰 明嘉靖三十三年
（1554）梁佐刻藍印本

匡高21.8厘米，廣16.4厘米。半葉十一行，行二十五字，白口，四周雙邊。
黑龍江大學圖書館、南京大學圖書館、杭州圖書館藏；山西省祁縣圖書館，
存二十四卷。

丹鉛餘録卷之一

戰國策。秦惠王時有寒泉子。注云秦處士之號。史記

索隱云甘茂居渭南陰鄉之樗里故號曰樗里子。又

范豢蚰去越。自稱鴟夷子。此固後人別號之所昉乎。

月令靡草死注。云薺老葶藶之屬董仲舒曰葶藶枯

于仲夏戴冬。華于嚴霜淮南子注云薺麥水菜冬。水而

生夏土而死又其枝葉細碎謂之靡草。

古字軼與轍同莊子夫子奔軼絕塵而回瞠乎其後

今謬讀軼作逸遂失其義戰國策主者循軼之途注。

軼轍同車迹也。

08524 丹鉛餘録十七卷 （明）楊慎撰 明刻本

匡高18.7厘米，廣13.6厘米。半葉十行，行二十字，白口，四周單邊。四川
師範大學圖書館藏。

丹鉛餘録卷之一

戰國策。秦惠王時有寒泉子。注云秦處士之號。史記

索隱云其茂居渭南陰鄉之樗里故號之樗里子又

范家蟲去越自稱鷗夷子。此因後人別號之所昉乎。

月令靡草死注云薺亭歷之屬董仲舒曰薺麥枯

于仲夏。欵冬華于嚴霜淮南子注云薺水菜冬水而

生夏土而死。又其枝葉細碎謂之靡草。

古字軼與轍同。唯子夫子奔軼絶塵而回瞠乎其後

今謬讀軼作逸遂失其義。戰國策主者循軼之途。注

軼轍同車迹也。　　瞠音撐

今諛讀軼作逸遂失其義也。

渭南曰樗出里三

原曰樗里。

甘茂多智人構為

智轜。

鷗夷皮橐酒器。

武曰阿逐鷗夷子

言其逐子奇也。

苦薺亭歷根白

耳野苦苣根白

長有乳冬月生

一名游冬苣菜

也。

08525　丹鉛餘録十三卷　（明）楊慎撰　明嘉靖十六年（1537）藍田李

氏山房刻本

匡高19.2厘米，廣13.6厘米。半葉十行，行二十字，白口，四周單邊。湖南

省社會科學院圖書館藏。

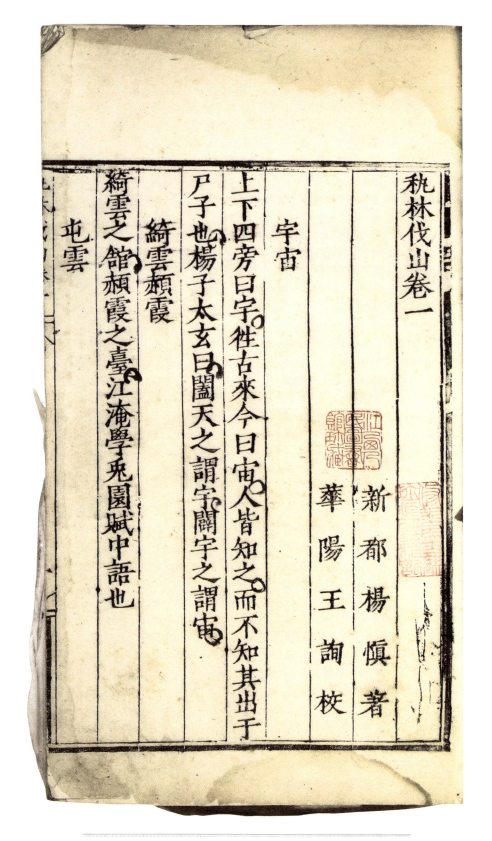

綺雲之館頹霞之臺江淹學兔園賦中語也

屯雲

綺雲頹霞

尸子也楊子太玄曰闔天之謂宇闢宇之謂宙

上下四旁曰宇。往古來今曰宙。人皆知之。而不知其出于

宇宙

秋林伐山卷一

新都楊慎著

華陽王詢校

08526 秋林伐山二十卷 （明）楊慎撰 明嘉靖三十五年（1556）王詢
刻本

匡高22厘米，廣14.7厘米。半葉九行，行二十二字，上白口下黑口，四周雙
邊。江西省圖書館藏。

經筵講章

○康誥曰克明德太甲曰顧諟天之明命帝典曰克明峻德

講官臣殷士儋

皆自明也

這是大學傳之首章曾子引古書的言語來解釋經文

明明德的意思康誥太甲帝典都是尚書的篇名克字

解做能字顧是常常照管的意思諟字解做此字明命

即是明德以其出於天所賦與所以叫做明命峻德是

大德曾子說道孔子教人大學之道第一件在明明德

我嘗考之古書驗之前聖在周書康誥篇武王告康叔

08527 經史直解六卷 （明）殷士儋撰　明隆慶元年（1567）郝杰刻本

匡高22.1厘米，廣13厘米。半葉十行，行二十三字，白口，四周單邊。遼寧省圖書館藏。

欽定四庫全書

日知録

四一

也

爾雅無羱鼠身長　逸周書伊尹為獻令正北

須而賦秦人謂之小驢　氏諸國以橐駞野馬駃騠

空同大夏莎車匈奴樓煩月

駃騠為獻　呂氏春

秋趙簡子有兩白驟甚愛之李斯上秦王書言駿良駃

騠邯陽上梁王書亦云燕王按劍而怒食以駃騠是以

為貴重難得之物也司馬相如上林賦駒騠橐駞蛩蛩

驛駿駃騠驘王襃僮約調治馬驢兼落三重其名始

見於文而賈誼弔屈原賦騰駕罷牛兮驂蹇驢日者列

08528　日知録刪餘稿不分卷　（清）顧炎武撰　清乾隆内府寫文淵閣四庫全書本

匡高22.5厘米，廣15.5厘米。半葉八行，行二十一字，紅格，白口，四周雙邊。河南省圖書館藏。

養吉齋叢録卷之一

錢塘脩餘老人編

太宗以下支派稱宗室用黃帶其疏者稱覺羅用紅帶有

獲罪挑帶銷除旗檔者即古之削屬籍也有非宗族而賜

姓者如扈爾漢姓佟佳氏從其父扈喇虎率屬來歸賜姓

覺羅是也又伊爾根覺羅舒舒覺羅西林覺羅覺羅禪者

乃其所受之姓與宗族之稱覺羅不同

附録。達海世稱滿洲聖人其支下子孫皆用紫帶其女

不挑秀女

養吉齋叢録 卷一

08529 養吉齋叢録二十六卷餘録十卷 （清）吳振棫撰 稿本

匡高18.6厘米，廣12.6厘米。半葉九行，行二十二字，藍格，白口，四周雙
邊。浙江圖書館藏。

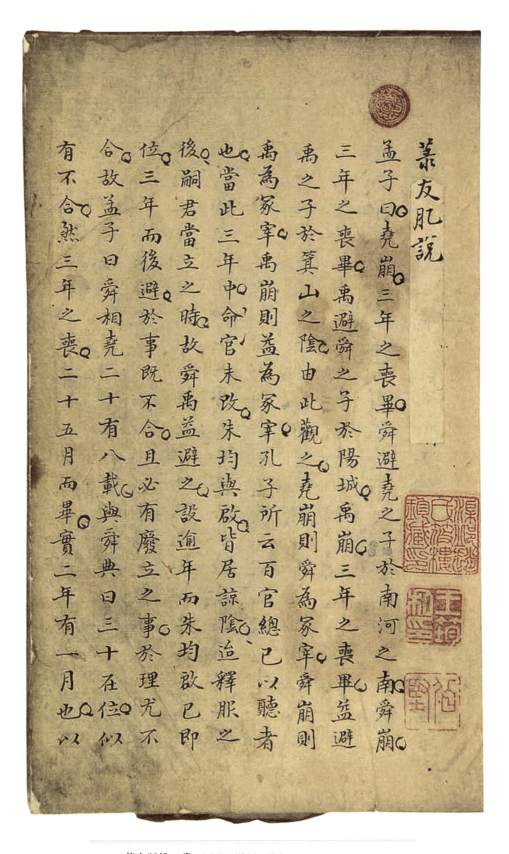

蒙友肶説

孟子曰堯崩三年之喪畢舜避堯之子於南河之南舜崩
三年之喪畢禹避舜之子於陽城禹崩三年之喪畢益避
禹之子於箕山之陰由此觀之堯崩則舜為家宰舜崩則
禹為家宰禹崩則益為家宰禹孔子所云百官總己以聽者
也當此三年中命官未改朱均與啟皆居諒隂迨釋服之
後嗣君當立之時故舜禹益避之設迨年而朱均欲已即
位三年而後避於事既不合且必有廢立之事於理尤不
合故孟子曰舜相堯二十有八載與舜典曰三十在位似
有不合然三年之喪二十五月兩畢實二年有一月也以

08530 蒙友肶説一卷 （清）王筠撰 稿本
南京市博物館藏。

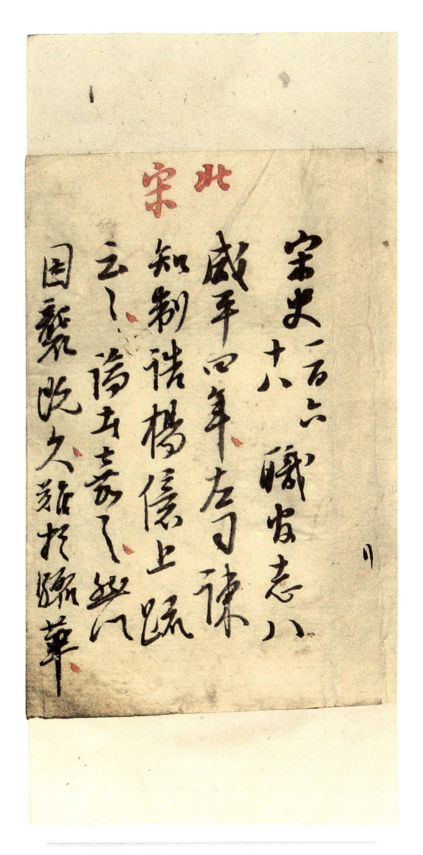

08531 東塾著稿不分卷 〔清〕陳澧撰　稿本

雲南省圖書館藏。

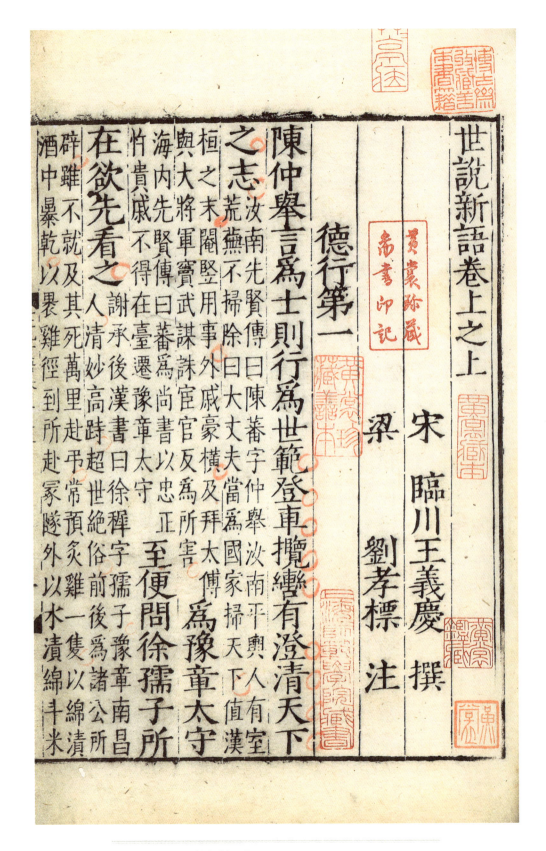

世說新語卷上之上

宋　臨川王義慶　撰

梁　　劉孝標　注

德行第一

陳仲舉言爲士則行爲世範登車攬轡有澄清天下
之志汝南先賢傳曰陳蕃字仲舉汝南平輿人有室
荒蕪不掃除曰大丈夫當爲國家掃天下值漢室
桓之末閹竪用事外戚豪橫及拜太傅
與大將軍竇武謀誅宦官反爲所害
海內先賢傳曰蕃爲尚書以忠正
竹貴戚不得在臺遷豫章太守
在欲先看之人謝承後漢書曰徐稺字孺子豫
章南昌至便問徐孺子所
酒中暴乾以裹難徑到所赴喪遂外以水漬綿斗米
碎雖不就及其死萬里赴弔常預一隻以綿漬
清妙高時超世絕俗前後爲諸公所

08532-08534 世說新語三卷 （南朝宋）劉義慶撰 （梁）劉孝標注　明

嘉靖十四年（1535）袁褧嘉趣堂刻本

匡高19.9厘米，廣15.2厘米。半葉十行，行二十字，小字雙行同，白口，左右雙邊。上海師範大學圖書館、河北大學圖書館、山東省圖書館藏。

劉會孟曰世
說所載多無
識語然皆今
人所有之言則
古所不可可謂
無叙自未可
弄耳

世說新語

德行

陳仲舉言爲士則行爲世範登車攬轡有澄清
天下之志興人有室荒蕪不掃除曰大丈夫當
爲國家掃天下之未聞豎用事外戚豪所
橫及拜太傅與大將軍竇武謀誅宦官反爲所
害爲豫章太守

守至便問徐孺子所在欲先看之
正忤貴戚不得在臺遷豫章太

子豫章南昌人清妙高時超世絕俗前後爲諸
公所辟雖不就及其死萬里赴吊常預炙雞一

世說卷一

德行

世說卷一　德行一

08535 世說新語六卷 （南朝宋）劉義慶撰 （梁）劉孝標注 （宋）劉辰
翁 劉應登 （明）王世懋評 明凌瀛初刻四色套印本
匡高21.2厘米，廣14.6厘米。半葉八行，行十八字，小字雙行同，白口，四
周單邊。湖北省圖書館藏。

雲谿友議卷上

名儒對　南陽錄　芋蘿遇　魯公明

貞詩解　毗陵出　巫詠難　靈丘誤

襄陽傑　馮生倿　江都事　南海非

四背篇　嚴黃門　哀負誠　古製典

夷君誚　餞歌序　宗兄悼　夢神姥

王泉祠　舞娥異

　名儒對

王僕射起再主禮闈遠邇稱揚皆以文德巍巍聿
興之也武宗皇帝詔至殿曰朕近見二字一乃一

08536 雲谿友議三卷 〔唐〕范攄撰　明刻本

匡高18.5厘米，廣13.9厘米。半葉十行，行十九字，白口，左右雙邊。遼寧
省圖書館藏。

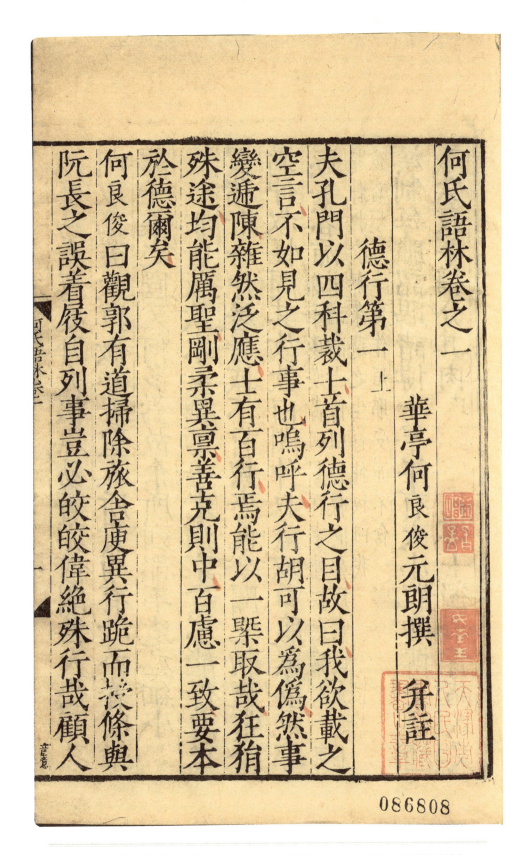

08537-08541 何氏語林三十卷 （明）何良俊撰 明嘉靖二十九年（1550）何氏清森閣刻本

匡高20.7厘米，廣15.3厘米。半葉十行，行二十字，小字雙行同，白口，左右雙邊。有 "嘉靖庚戌華
亭柘湖何氏繡經堂雕梓"、"清森閣雕梓" 等牌記。天津圖書館、石家莊市圖書館、蘇州圖書館、杭州
圖書館、湖南省社會科學院圖書館藏。

事親述見卷之一

庭訓

高唐王曰文王我師歸而求之有餘獨立之間退而

亦足以發慎行其身不貽父母惡名可謂能子矣没

世无不忿將爲善必果將爲不善必不果惟德惟義

仰思大訓是以身安而國家可保也述庭訓

嚴訓曰伏覩

祖訓曰自古親王居國其樂甚於天子何以見之冠服宮

室車馬儀仗亞於天子而自奉豐厚政務亦簡若能

08542 **事親述見十二卷** （明）朱厚煐撰　明嘉靖四十一年（1562）衡

藩刻本

匡高19厘米，廣14.3厘米。半葉九行，行二十二字，細黑口，四周雙邊。山

東省圖書館藏，存十卷。

雌伏亭叢記卷之一

春為蒼天夏為昊天秋為旻天冬為上天於春言其
色於夏言其氣於秋言其情於冬言其位相偁也春
為蒼天則於夏為昊於冬為玄矣玄天者言乎其道
也皞天者言乎其德也天之蒼蒼其正色耶遠而無
所至極耶故詩於高遠難詶每稱蒼天爾雅曰穹蒼
蒼天也穹言形蒼言色也昊天曰上天則宜玄其德
詩曰浩浩昊天不駿其德蓋冬日上天則宜玄其德
失夏日昊天則宜駿其德矣而詩曰不駿其德則失
其所以為天也秋日旻天者秋之為言愁也方是時

08543 雌伏亭叢記二十四卷 （明）黃光施撰　明萬曆六年（1578）
刻本
匡高19.1厘米，廣13.5厘米。半葉十行，行二十字，白口，左右雙邊。鎮江
市圖書館藏。

代警編卷一

關輔承涇雒于仁著

立誠

劉安世從溫公學者數年一日避席問盡心行己之要可以終身行之者溫公曰其誠乎是誠也不但可以修己且可以安百姓天德王道總於誠意襲之則非集義假之則為霸術是故君子偕齊治平立誠要矣

三恐

士有三恐未仕恐無學術已仕恐無功業久仕恐

08544 代警編二卷 （明）雒于仁撰　明萬曆二十六年（1598）自刻本

匡高20厘米，廣14.6厘米。半葉十行，行十九字，白口，四周雙邊。重慶圖書館藏。

萬曆野獲編卷之一

秀水沈德符景倩著，桐鄉錢枌爾載輯

列朝一

告天郎位

高皇帝將登寶位、先於前一年之十二月、百官勸進時、上御新宮、拜詞於天、其畧曰、惟我中國自宋運告終、帝命真人於沙漠入中國為天下主、百有餘年、今運亦終、其天下人民土地、豪傑分爭、惟臣帝賜英賢李善長徐達等、為臣之輔、戡定羣雄、息民於田野、臣下皆曰、恐民無主必欲推尊臣不敢辭、是用明年正月四日於鍾山之陽、設壇備儀、昭告上帝皇祇、

龜承野隻扁

卷一

08545 萬曆野獲編三十卷 （明）沈德符撰 清活字印本

匡高14.7厘米，廣9.9厘米。半葉十行，行二十三字，小字雙行同，上白口下黑口，四周單邊。南京圖書館藏。

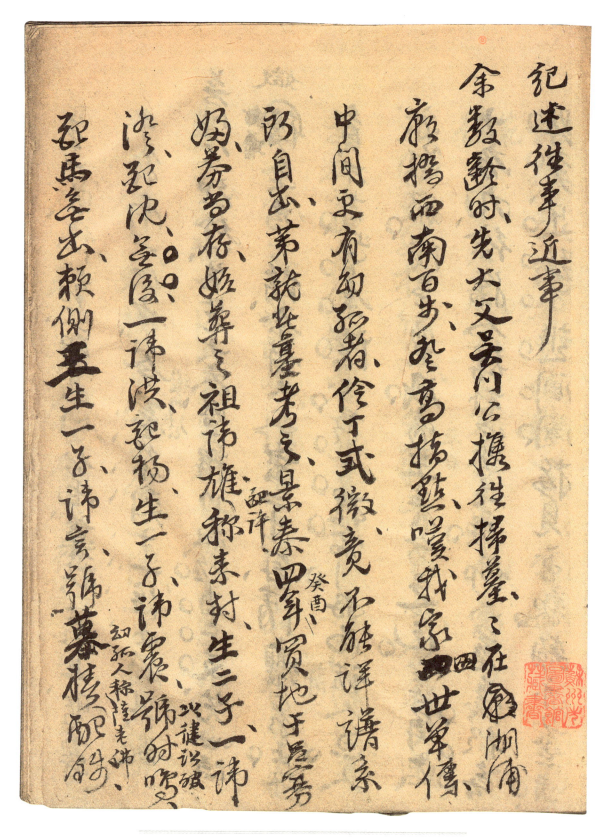

08546 追維往事錄二卷 （明）陸文衡撰　稿本

陸泰增、陸同壽跋。蘇州圖書館藏。

魏冰叔同其子弟何以謂之江西對曰地在江之西乎曰江有南北兩岸東
西曰江共列金陵古稱江東何必曰金陵豫章俱在江南對豫章言列
金陵居江南之東對金陵言列豫章居江南之西故宋以金陵太平廣
寧國徽池為江南東路以今江西全省為江南西路人動稱大江以西
者誤矣曰江東稱江左江西稱江右何必曰自江北視之江東在左江西
右耳

韭菜畦內蚯蚓燒研細末入飛礬少許以香油調之治癬瘡
吳文定云澄泥有益于經傳列烏驢揚雄者皆不廢倪文毅三馬
駄王弼之徒其立身不全可賍竢秦漢以來六經慄燼秋諸子把
遺經專門講授經以僅存自是唐之注疏多祖今之經傳引用尚多

08547　古歡堂筆記一卷　（清）田同之撰　稿本

山東省博物館藏。

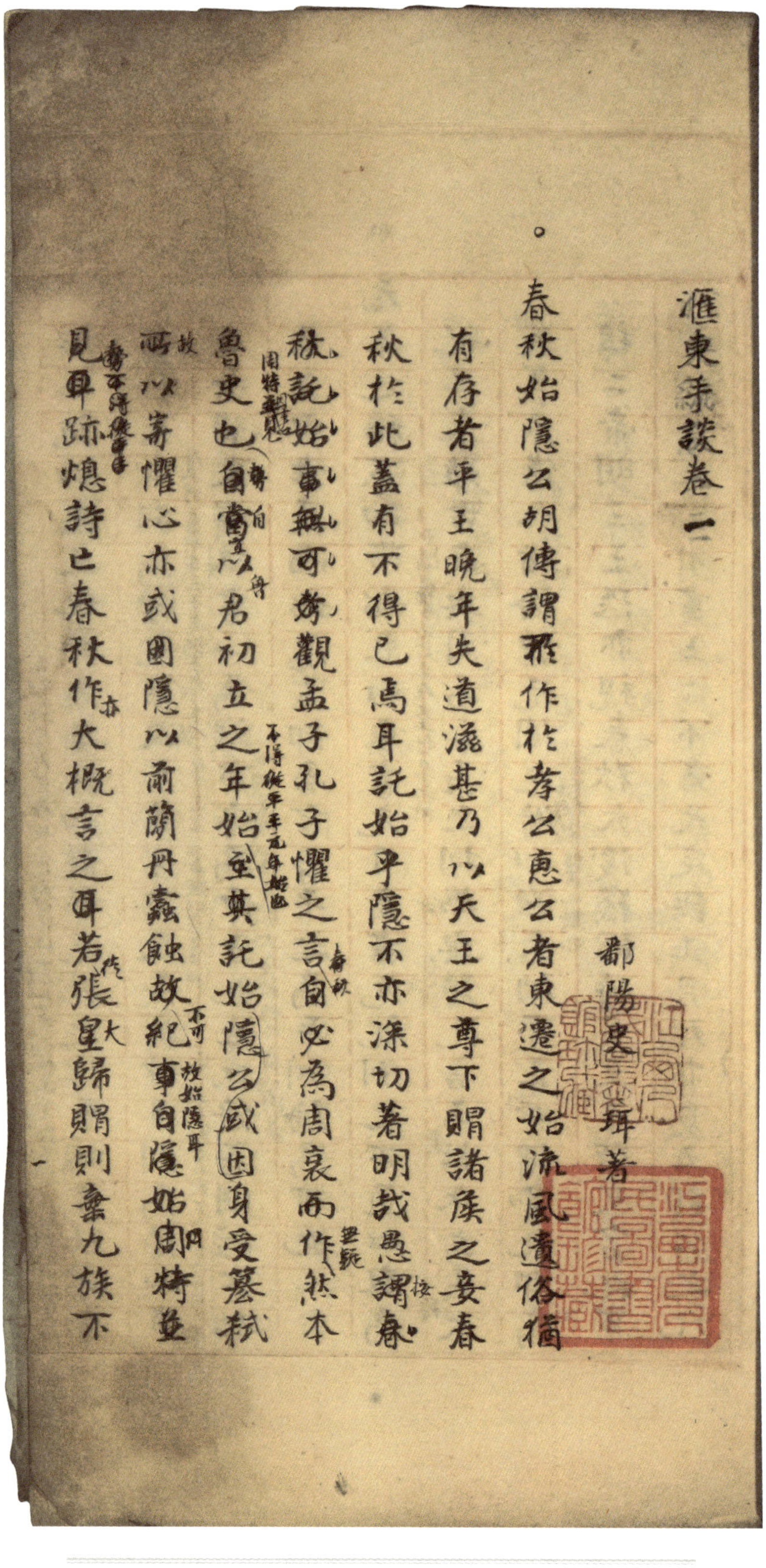
滙東手談卷一
鄱陽史珥著
。春秋始隱公胡傳謂雅作於孝公惠公者東遷之始流風遺俗猶有存者平王晚年失道滋甚乃以天王之尊下賵諸侯之妾春秋於此蓋有不得已焉耳託始乎隱不亦深切著明哉愚謂春秋託始事無可考觀孟子孔子懼之言自必爲周衰而作然本魯史也自當以君初立之年始至其託始隱公或因身受篡弑所以寄懼心亦或因隱以前簡冊蠹蝕故紀事自隱始固特並見耳跡熄詩亡春秋作大概言之耳若張星歸賵則棄九族不

08548 滙東手談三十二卷（清）史珥撰　稿本

江西省圖書館藏。

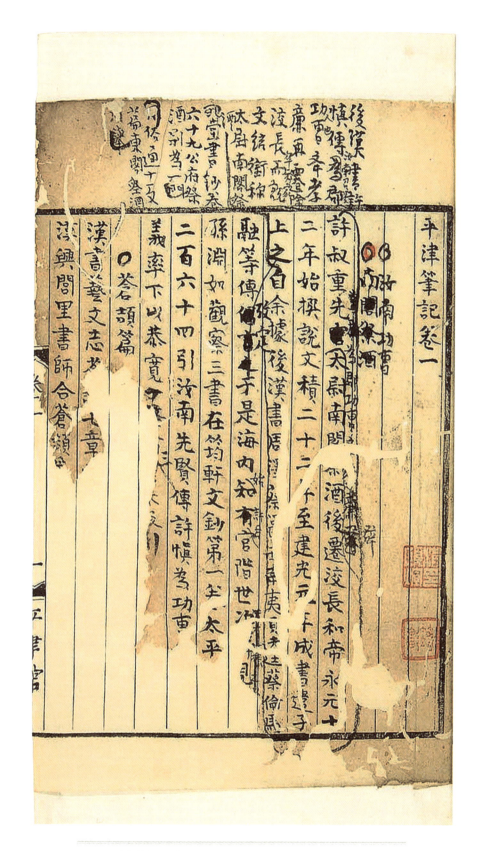

08549 平津筆記八卷 〔清〕洪頤煊撰 稿本

匡高19.6厘米，廣15.9厘米。半葉十三行，行字不等，白口，左右雙邊。浙江圖書館藏。

墨娥小錄卷之一

文府清事

造五色粉紙

用白篆紙大小任意一幅幅粘連軸上膠礬正面

庹掛起陰乾再膠礬背面一度依前掛乾却以粉水

用排筆先於背面刷一度令十分勻平鋪新磚潔淨

地上陰乾又刷一度如此三四度了方刷正面亦依

上法至七度可止如欲十分光澤再加幾度愈多愈

妙然後用生絹揩擦令紙十分瑩淨顯滑若於臨畢

一度粉內入輕粉少許則光澤異常也去軸作一番

墨娥小錄

墨娥小錄

卷一

三頁七

08550 墨娥小錄十四卷 明隆慶五年（1571）吳繼聚好堂刻本

匡高18.1厘米，廣14.1厘米。半葉十行，行二十字，小字雙行同，白口，左
右雙邊。中國人民大學圖書館藏。

意林語要卷之一

扶風馬總元會編

鬵子一卷

藝文志云名熊鬵子二十二篇今一卷六篇發政施

今天下福謂之道上下相親謂之和不求而得謂

之信除天下之害謂之仁信而能和者帝王之器

聖王在位百里有一士猶無有也王道衰千里一

士則猶比肩也知善不信謂之往知惡不改謂之

惑

08551 意林語要五卷 （唐）馬總輯　明刻本

匡高19.8厘米，廣13厘米。半葉九行，行二十字，白口，四周單邊。山東省
圖書館藏。

紺珠集卷第一

穆天子傳

燭銀玉果

穆王至崑崙立觀寶品有燭銀玉果
者石也皆似美下

八驥

赤驥盜驪白義踰輪山子渠黃驊騮緑耳

左佩華

王賜七華之上左佩華者至葖平之佩也

珠澤

此澤出珠方四十里

膜拜

08552、08553 **紺珠集十三卷**　明天順刻本

匡高21.7厘米，廣15.2厘米。半葉十二行，行二十四字，黑口，四周雙邊。
河北大學圖書館、北京大學圖書館藏。

自警編卷之一

學問類　　學問　見識　器量

學問

太宗欽相趙普或譖之曰普山東學究惟能讀論語

耳太宗疑之以告普曰臣實不知書但能讀論

語佐藝祖定天下繞用得半部尚有一半可以輔

陛下太宗釋然卒相之

李文靖公作相嘗讀論語或問之公曰沆為宰相如

論語中節用而愛人使民以時兩句尚未能行聖

人之言終身誦之可也

08554 自警編九卷 （宋）趙善璙輯　明嘉靖十九年（1540）陳光哲刻本

匡高18.7厘米，廣13.7厘米。半葉十行，行二十字，小字雙行同，白口，左

右雙邊。上海師範大學圖書館藏。

勸忍百箴考註卷第一

四明　許名奎　著

上竺釋覺澄考註

四明　張謙　校刻

言之忍箴第一

恂恂便便侃侃誾誾忠信篤敬盍書諸紳訥爲君子

寡爲吉人

恂恂信實也便便明辯也侃侃剛直也誾誾和悅

而諤也此嘗論記孔子處鄉黨則恂恂然而信實

猶謙早遜順似不能言者也在宗廟朝廷則便便

08555 勸忍百箴考註四卷　（明）釋覺澄撰　明嘉靖二十七年（1548）

張謙刻本

匡高19.3厘米，廣14.8厘米。半葉十行，行二十字，白口，四周單邊。遼寧省圖書館藏。

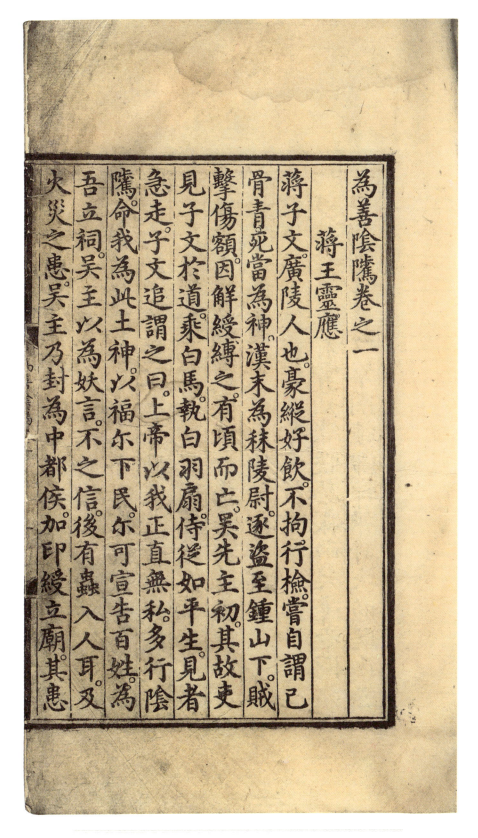

為善陰騭卷之一

蔣王靈應

蔣子文廣陵人也。豪縱好飲不拘行檢嘗自謂己

骨青死當為神。漢末為秣陵尉逐盜至鍾山下。賊

擊傷額。因解綬縛之有頃而亡。吳先主初其故吏

見子文於道乘白馬執白羽扇侍從如平生見者

急走子文追謂之曰。上帝以我正直無私。多行陰

騭命我為此土神以福爾下民爾可宣告百姓為

吾立祠吳主以為妖言。不之信。後有蟲入人耳及

火災之患吳主乃封為中都侯加印綬立廟其患

08556 **為善陰騭十卷** （明）成祖朱棣撰　明永樂十七年（1419）內府
刻本
匡高27.8厘米，廣17.8厘米。半葉十行，行十九字，黑口，四周雙邊。天津
圖書館藏。

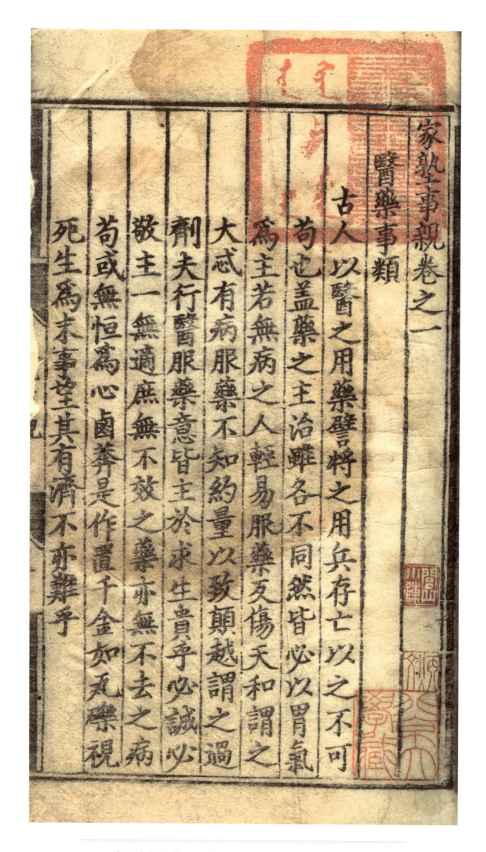

08557 家塾事親五卷 （明）郭晟撰　明弘治十七年（1504）刻本

匡高22.5厘米，廣14.8厘米。半葉十行，行二十字，黑口，四周雙邊。張紹
仁、李盛鐸跋。北京大學圖書館藏。

耳侍中陳殊連聞之日給一斗時號斗酒學

士

隋末一書生居太原貧苦所居抵官庫見有錢

數萬貫遂欲携挈見一金甲人持戈曰汝要

錢可取尉遲公帖來此尉遲公錢也生訪求

至鐵冶處有尉遲敬德者方袒露蓬首煨煉

之次乃前拜之公曰何故生曰乞錢五百貫

以濟貧困尉遲怒曰打鐵人安得錢乃侮我

耳生曰足下若能哀憫但乞一帖公不得巳

08558 談資四卷 （明）秦鳴雷撰　明嘉靖刻本

匡高19厘米，廣13.5厘米。半葉九行，行十八字，白口，左右雙邊。南開大學圖書館藏。

百家類纂卷之一

明浙東慈谿後學沈津纂輯

儒家類　家語

相魯

孔子初仕為中都宰制為養生送死之節長幼異食彊弱

異任男女別塗路無拾遺器不彫偽為四寸之棺五寸之

槨因丘陵為墳不封不樹行之一年而西方之諸侯則焉

定公謂孔子曰學子此法以治魯國何如孔子對曰雖天

下可乎何但魯國而已哉於是二年定公以為司空乃別

五土之性而物各得其所生之宜咸得厥所由司空為魯

大司寇設法而不用無姦民定公與齊侯會于夾谷孔子

08559—08561 **百家類纂四十卷** （明）沈津輯　明隆慶元年（1567）含

山縣儒學刻本

匡高19.2厘米，廣13.7厘米。半葉十一行，行二十二字，白口，左右雙邊。

故宮博物院、北京師範大學圖書館、浙江圖書館藏。

洪陽張先生警心類編卷之一

廣陵後學汝大張宏校

懲忿編

神隱傳云攝生之道大忌嗔怒

書曰必有忍其乃有濟有容德乃大

白沙先生云若無天度量爭得聖胚胎

老子曰專氣致柔能如嬰兒乎

08562 洪陽張先生警心類編四卷 （明）張位撰 明刻本

匡高22.1厘米，廣13.1厘米。半葉七行，行十八字，白口，四周單邊。江西省圖書館藏。

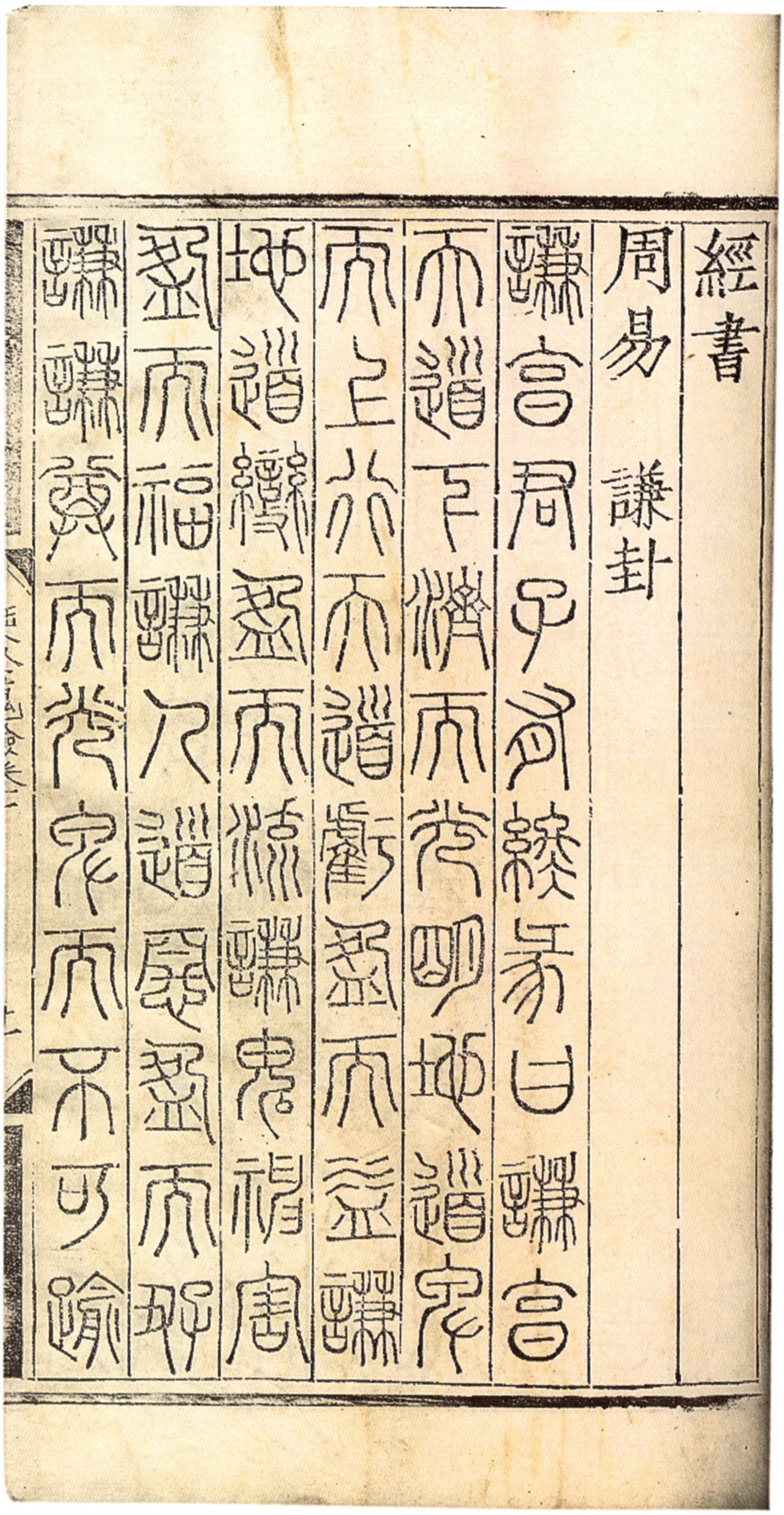

経書

周易　謙卦

08563-08565 便於蒐檢四卷　明衡藩刻本

匡高24.1厘米，廣16.5厘米。半葉八行，行十字，黑口，四周雙邊。山東省
圖書館、山東師範大學圖書館、湖南省社會科學院圖書館藏。

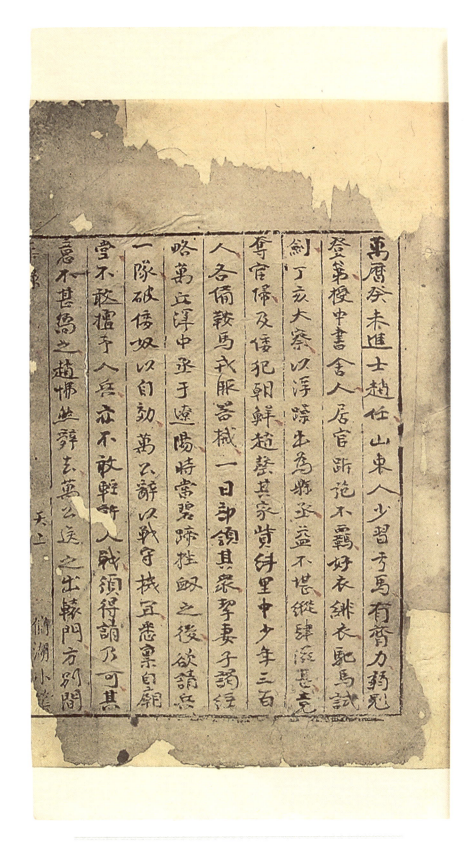

08566 樵叟備忘雜識五卷 （清）來集之撰　稿本

匡高18.5厘米，廣14厘米。半葉九行，行字不等，白口，左右雙邊。杭州圖
書館藏。

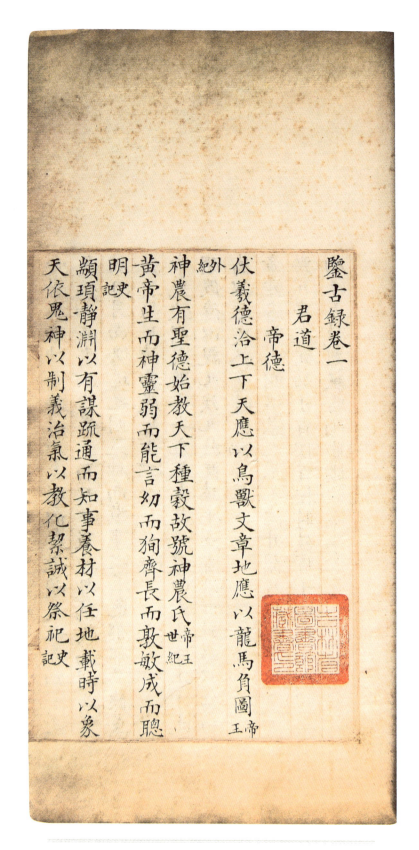

08567 鑒古録十六卷 〔清〕沈廷芳輯　清抄本

匡高16.3厘米，廣10.8厘米。半葉十行，行二十一字，紅格，紅口，左右雙
邊。吉林省圖書館藏。

儒皆讀學以為奇可以考禎祥變恠之物見遠國異人之
謠俗故易曰言天下之至賾而不可亂也博物之君子其
可不惑焉臣秀眛死謹上

南山經第一

郭氏傳

南山經之首曰䧿山其首曰招搖之山臨于西海之上蜀在
伏山南之西頭多桂　桂葉似枇杷長二尺餘廣數寸味辛白花叢生山峯冬夏常青間無雜木爾雅音九尒雅
濱西海也　招搖之春秋曰多金玉有草焉其狀如韭
而青花其名曰祝餘　桂茶或作食之不飢有木焉其狀如穀而
黑理　檞穀名楮也穀者皮以作紙實璨如穀穀亦名其花四照若言有光燄也其

08568 **山海經十八卷** （晉）郭璞傳　明成化元年（1465）吳寬抄本
半葉九行，行二十二字，小字雙行同。吳寬跋。國家圖書館藏。

—— 165 ——

之非一物從西域來者如紫檀重如石碶黃界山蒲萄

江東人通名楊柳楊桌短初桌長

高座道人不肯作漢語或問此意簡文曰此簡應對之煩和

尚胡名尸利密宋丞高座西域人傳三國王子以讓弟遂

為沙門永嘉中到中國順帝時琅琊宮崇上其師于吉於

曲陽泉水上得神書百七十卷號太平清領書其言以陰

陽五行為家而多巫覡雜語後張角頗有其書襖江表傳

道士于吉東來吳會立精舍燒香讀書孫策斷之曰昔南

陽張津為交州刺史常著絳帕頭鼓琴焚香讀邪俗道書

為蠻夷所殺此其無益

直詰云吞琅玕之華而更營立墓者衍門子高立子澁崖先

08569 續博物志十卷 題（宋）李石撰 明弘治刻本

匡高18.8厘米，廣13.1厘米。半葉十一行，行二十三字，白口，左右雙邊。
北京大學圖書館藏。

太平廣記卷第一

神僊一

老子　　木公　　廣成子

黄安　　孟岐

老子

老子者名重耳字伯陽楚國苦縣曲仁里人也其母感大
流星而有娠雖受氣天然見於李家猶以李爲姓或云老
子先天地生或云天之精魄蓋神靈之屬或云母懷之七
十二年乃生生時剖母左腋而出生而白首故謂之老子
或云其母無夫老子是母家之姓或云老子之母適至李
樹下而生老子生而能言指李樹曰以此爲我性或云上
三皇時爲玄中法師下三皇時爲金闕帝君伏羲時爲鬱
華子神農時爲九靈老子祝融時爲廣壽子黄帝時爲廣

08570、08571　太平廣記五百卷目録十卷　（宋）李昉等輯　明嘉靖
四十五年（1566）談愷刻本
匡高19.6厘米，廣15厘米。半葉十二行，行二十二字，白口，四周單邊。山
西省圖書館、重慶圖書館藏。

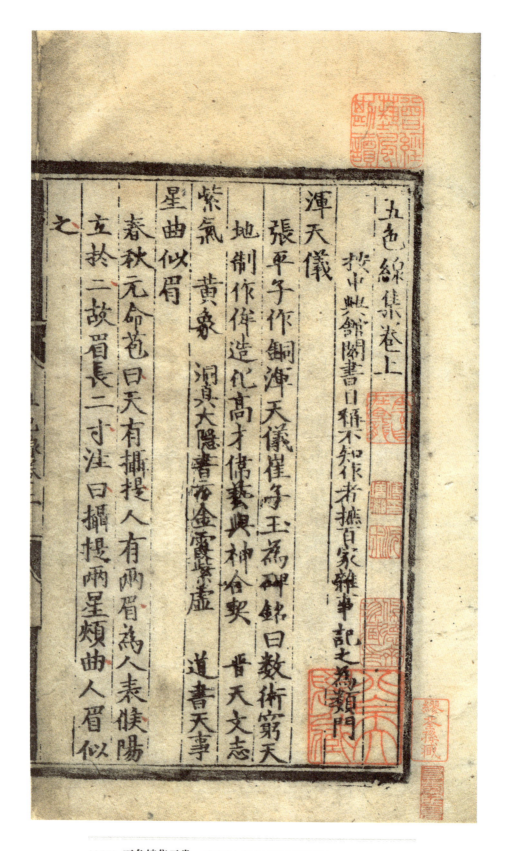

08572 五色線集三卷　明弘治九年（1496）華陰刻本

匡高19.3厘米，廣12.4厘米。半葉十行，行二十字，黑口，四周雙邊。有 "繆
荃孫藏"、 "傅印增湘" 等印。北京大學圖書館藏。

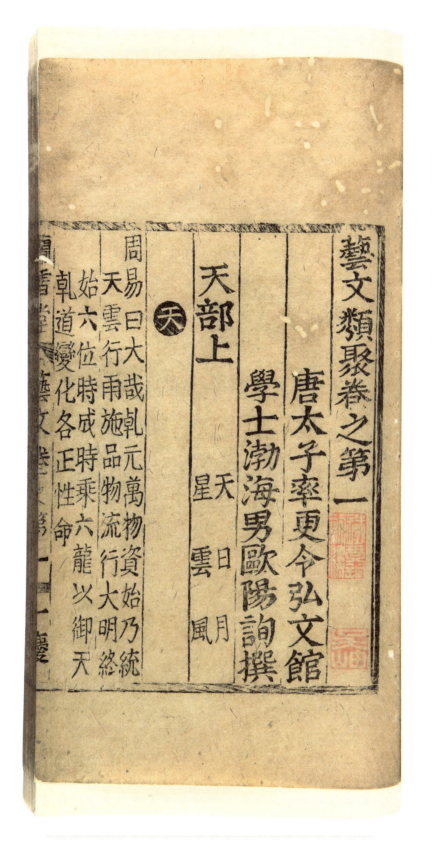

08573 藝文類聚一百卷 （唐）歐陽詢輯 明正德十年（1515）華堅蘭

雪堂銅活字印本

匡高16.1厘米，廣12.3厘米。半葉七行，行十三字，小字雙行同，白口，左右雙邊。有"乙亥冬錫山蘭雪堂華堅允剛活字銅版校正印行"牌記。有"吳岫"、"鐵琴銅劍樓"等印。國家圖書館藏。

初學記卷第一

光祿大夫行右散騎常侍集賢院學士副知院事東海郡開國公徐堅等奉

勅撰

天部

錫山安國校刊

天第一　日第二　月第三

星第四　雲第五　風第六

雷第七

〔天第一〕敍事

河圖括地象云易有太極是生兩

儀兩儀未分其氣混沌清濁既分伏者爲天倨

08574-08578 初學記三十卷　〔唐〕徐堅等輯　明嘉靖十年（1531）安
國桂坡館刻本
匡高20.8厘米，廣16.5厘米。半葉九行，行十八字，小字雙行二十四字，白
口，左右雙邊。上海師範大學圖書館、天津圖書館、吉林省社會科學院圖書
館、陝西理工學院圖書館藏；國家圖書館藏，傅增湘跋並臨嚴可均校跋。

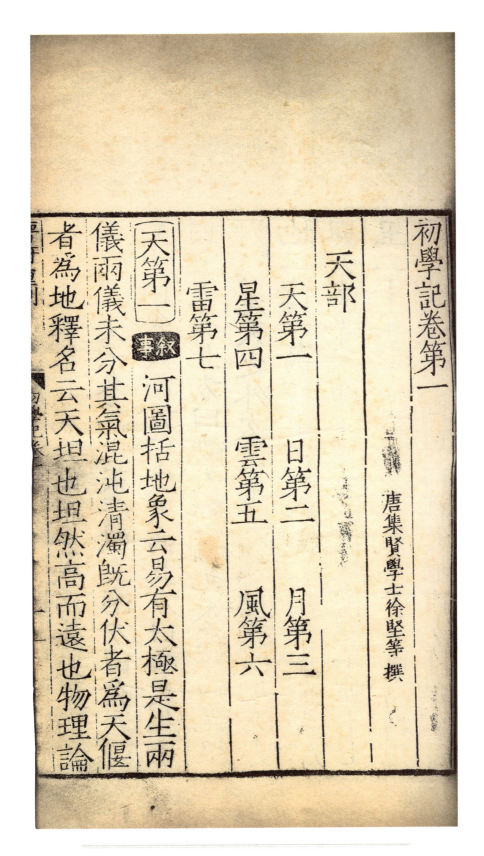

08579-08583 初學記三十卷 （唐）徐堅等輯　明嘉靖十三年（1534）

晉府虛益堂刻本

匡高20.9厘米，廣15.7厘米。半葉九行，行十八字，小字雙行二十四字，上黑口下白口，左右雙邊。北京師範大學圖書館、青海民族大學圖書館、浙江省義烏市圖書館、雲南省圖書館藏；南京圖書館藏，丁丙跋。

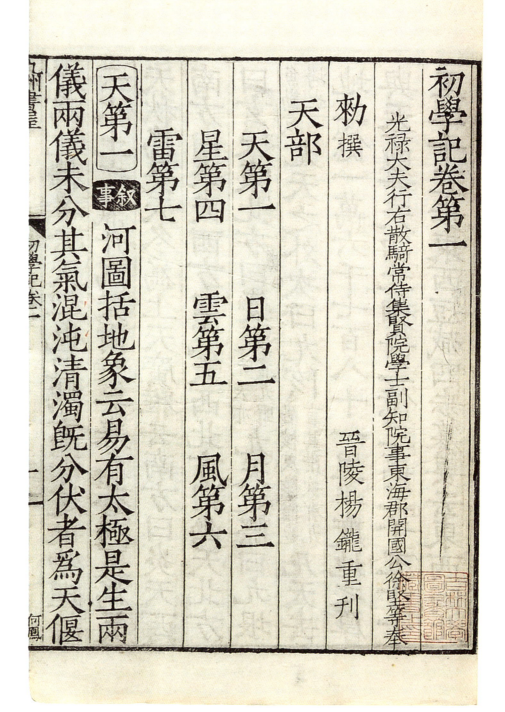

08584、08585 初學記三十卷 〔唐〕徐堅等輯 明楊鑑九洲書屋刻本
匡高20.8厘米，廣16.2厘米。半葉九行，行十八字，小字雙行二十四字，白
口，左右雙邊。吉林大學圖書館、鄭州大學圖書館藏。

唐宋白孔六帖卷第一

天一　地二

日三　　月四

星五　　明天文六

晨夜七　律曆八

天一

白高明柔克高明天也柔

天尊地卑克克寒暑不干陰騭下人言天默定

天尊成象在天而四時下人之命

成象天之道不忒見天垂象吉

凶聖人天行健資始大哉乾元

則之萬物資始上浮爲天

天氣高遠窮高天地之道

下降下降極遠貞觀之道無私不息天清

08586-08588 唐宋白孔六帖一百卷目録二卷 〔唐〕白居易 〔宋〕

孔傳輯 明刻本

匡高19.3厘米，廣15.2厘米。半葉十行，行十八字，小字雙行同，白口，左右雙邊。首都圖書館藏，有"季振宜藏書"等印；重慶圖書館、山東大學圖書館藏。

文選雙字類要卷上

天道門

太極

胚渾　類　—之未　萬象　已陳悟　氣分　質判玄黄
凝　江賦　之未　太極之致　陳悟　氣分　質判玄黄
　　　　　　　相區　音呼玄黄剖判上下　清濁
陀寺碑並頭　黄牙或　而—萌　相區音呼　剖上下而為　瞳
肝明貌言混沌也　　　—視　不融結川　而為　
權輿天地未袪雉肝肝　　　　新論　晶　而為
而為太極之元　泰美　注妙　混成　庶類　
山阜　妙有　—運　近天台山賦　　沉浮交錯　
烟煴太極之元兩儀　　有形　注妙理　沉浮交錯　
烟煴並典籍引分　芒芒　有形必朽　必窮
　　　　　　　芒芒　元氣誰知其終
啓　七泰貞　——　夔賦注　權輿
啓　太極之貞氣　障　權輿　夫太極剖判造
夜理包清濁　一氣　化才　體兼造
魏都賦　一氣　才　西征賦　體兼

文選類林卷之一

宋清江劉攽　貢父類編

明新安吳思賢文範校刻

太極

造化權輿

太極剖判造化權輿體燕晝夜理包　清濁流而為江海結而為山嶽汪權　興始也元氣融流者為江海結而為山嶽汪　聚者為山嶽都賦左思魏都賦　一氣化為一氣　而甄三才汪天地未開者也汪釋　為一氣　構天　横天類胚渾之未凝象　渾混沌也太極生天地者也　太極　極撑立二儀　兩儀始分　極擢立二儀　兩儀始分　兩儀始分煙熅熅有沉而　渾沌未分　與有浮而清班固典引　太極之元　初渾沌

08590　文選類林十八卷　（宋）劉攽輯　明嘉靖三十七年（1558）吳思賢刻本

匡高20厘米，廣15厘米。半葉九行，行十八字，小字雙行同，白口，左右雙邊。吉林大學圖書館藏。

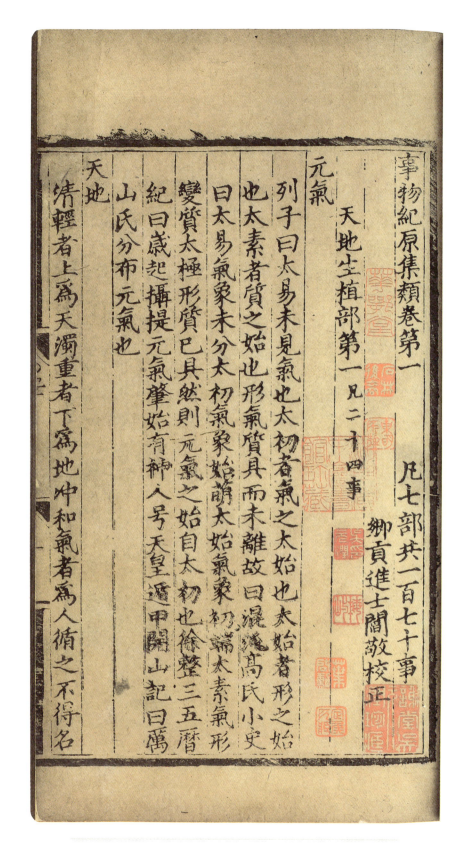

08591、08592 **事物紀原集類十卷** （宋）高承輯 明正統十二年

（1447）閻敬刻本

匡高19.5厘米，廣13厘米。半葉十二行，行二十四字，黑口，四周雙邊。湖

南圖書館、北京大學圖書館藏。

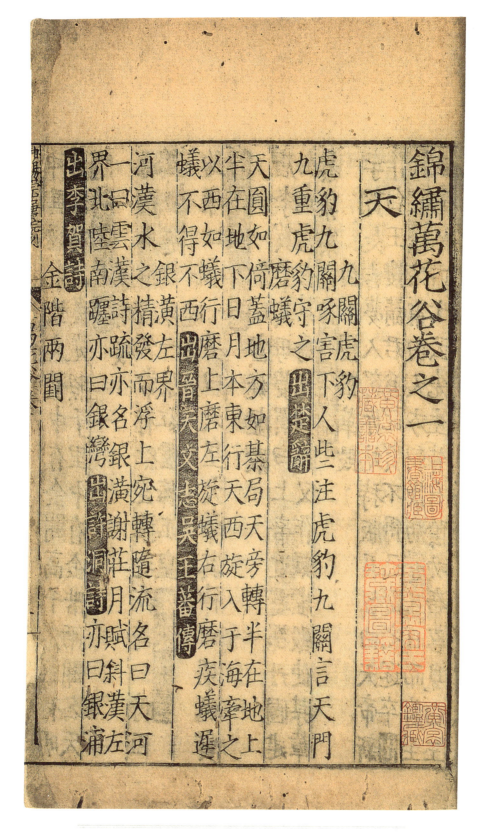

錦繡萬花谷卷之一

天

九關虎豹磨蟻守之 出楚辭

虎豹九關啄害下人此二注虎豹九關言天門

九重虎豹磨蟻守之

天圓如倚蓋地方如碁局天旁轉半在地上半在地下蓋地方如碁局天旁轉半在地上半以西如蟻行磨上磨左旋蟻右行磨疾蟻遲本東行天西旋入于海牽之 出晉天文志吳千蕃傳

蟻不得不西行 出晉天文志吳千蕃傳

河漢水之精發而浮上宛轉隨流名曰天河左界黃精發而浮上宛轉隨流名曰天河一曰雲漢亦疏曰亦名銀黃謝莊月賦斜漢左界北陸南躔詩亦疏曰銀灣出謝莊月賦斜漢亦曰銀漢浦左

出李賀詩 金階兩闕

08593 錦繡萬花谷四十卷後集四十卷續集四十卷 明嘉靖十四年（1535）徽藩崇古書院刻本
匡高23厘米，廣15.5厘米。半葉九行，行十七字，小字雙行同，白口，四周單邊。上海圖書公司藏。

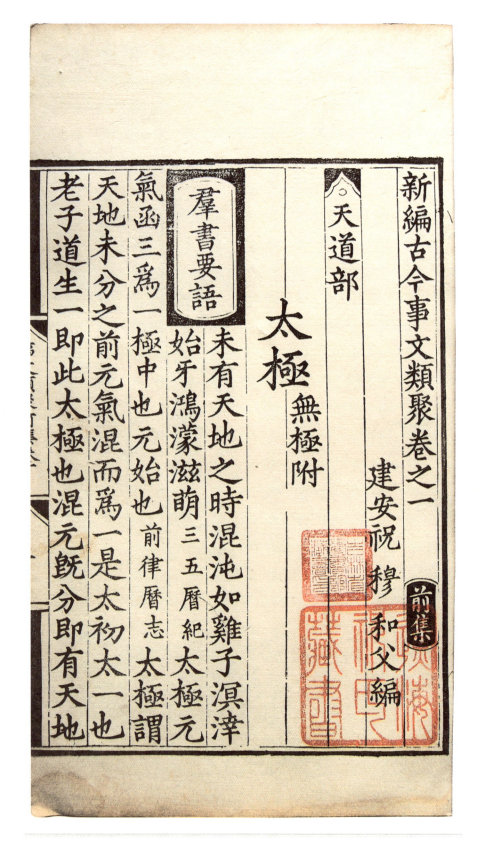

新編古今事文類聚卷之一

建安祝穆和父編　前集

天道部

太極　無極附

未有天地之時混沌如雞子溟滓

始牙鴻濛滋萌　三五曆紀太極元

前律曆志太極謂

羣書要語

氣函三爲一極中也元始也

天地未分之前元氣混而爲一是太初太一也

老子道生一即此太極也混元既分即有天地

08594、08595　新編古今事文類聚前集六十卷後集五十卷續集二十八卷別集三十二卷

（宋）祝穆輯　新集三十六卷外集十五卷　（元）富大用輯　明內府刻本

匡高24.7厘米，廣18.2厘米。半葉十行，行十八字，黑口，四周雙邊。北京師範大學圖書館、吉林省
圖書館藏。

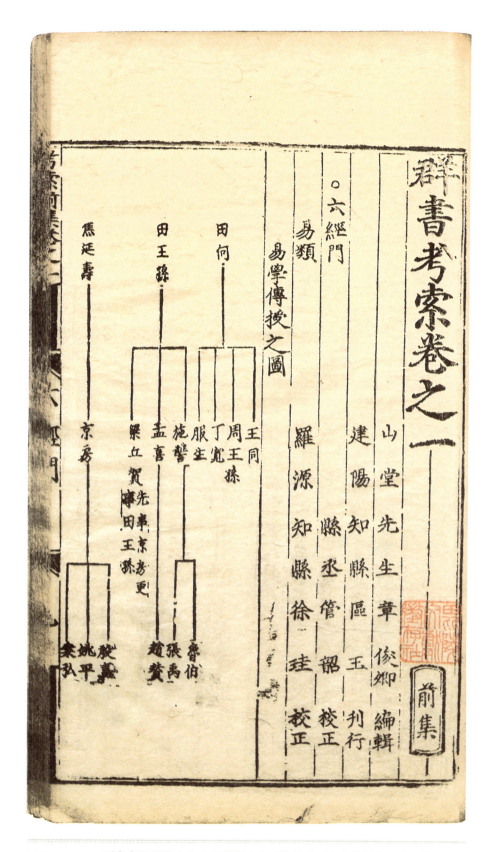

08596、08597 群書考索前集六十六卷後集六十五卷續集五十六卷別集二十五卷 〔宋〕

章如愚輯　明正德三至十三年（1508–1518）劉洪慎獨書齋刻十六年（1521）重修本

匡高20.2厘米，廣13.3厘米。半葉十四行，行二十八字，黑口，四周雙邊。浙江大學圖書館藏；南京圖書館藏，丁丙跋。

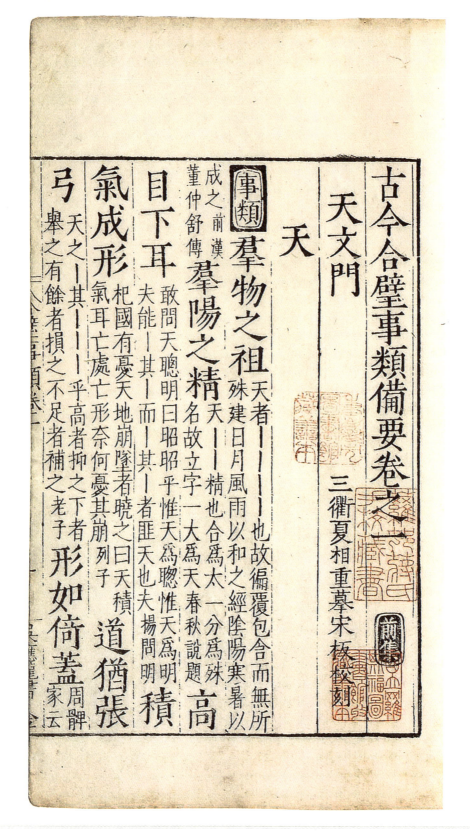

08598-08601 古今合璧事類備要前集六十九卷後集八十一卷續集五十六卷 〔宋〕謝維新輯 **別集九十四卷外集**

六十六卷 〔宋〕虞載輯 明嘉靖三十一至三十五年（1552-1556）夏相刻本

匡高19.7厘米，廣14厘米。半葉八行，行字不等，小字雙行二十四字，白口，左右雙邊。有"嘉靖壬子春正月三衢近峯夏相宋板

摹刻至丙辰冬十月事竣"署記。北京師範大學圖書館、華東師範大學圖書館、重慶圖書館、吉林大學圖書館藏。

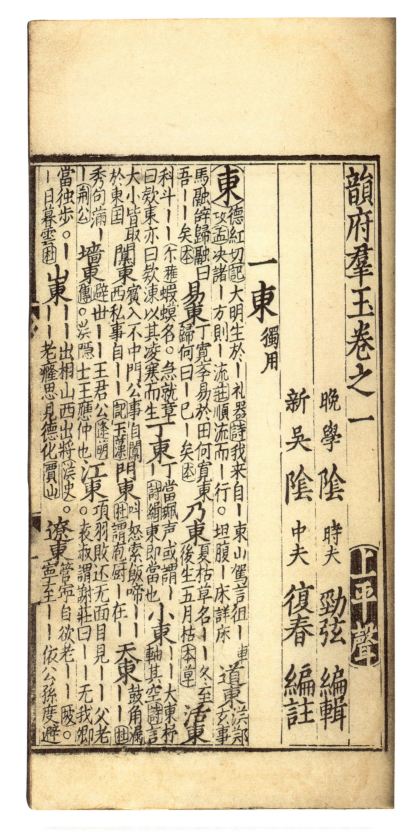

08602-08604 韻府羣玉二十卷 （元）陰時夫輯 （元）陰中夫注 明嘉

靖三十一年（1552）荊聚刻本

匡高20.8厘米，廣13.2厘米。半葉十行，行字不等，小字雙行二十九字，黑

口，四周雙邊。陝西省考古研究院、蘇州圖書館、首都師範大學圖書館藏。

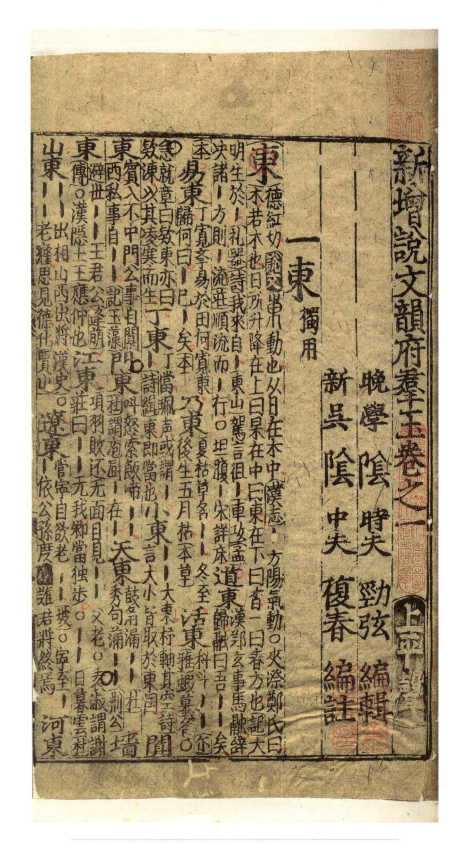

08605、08606 新增說文韻府羣玉二十卷 （元）陰時夫輯 （元）陰

中夫注 明弘治六年（1493）劉氏日新書堂刻本

匡高20.6厘米，廣13.5厘米。半葉十一行，行字不等，小字雙行二十九字，

黑口，四周雙邊。北京師範大學圖書館、華東師範大學圖書館藏。

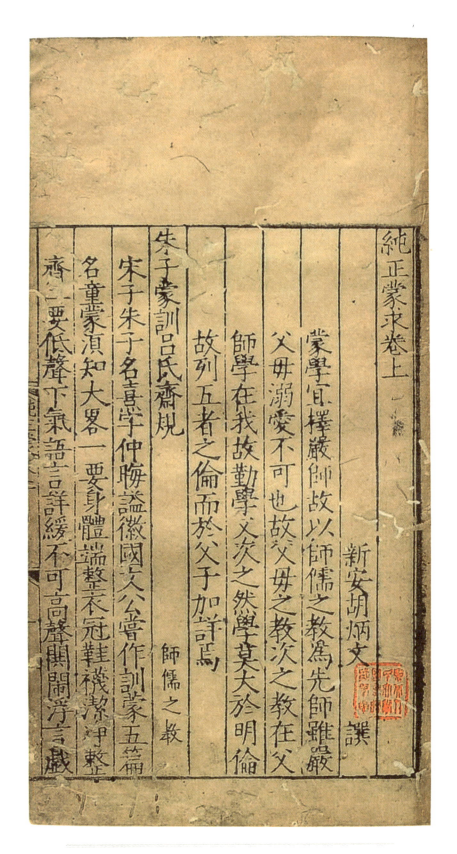

08607 純正蒙求三卷 （元）胡炳文撰　明嘉靖十年（1531）刻本

匡高19.5厘米，廣14厘米。半葉十行，行二十一字，白口，左右雙邊。吉林大學圖書館藏。

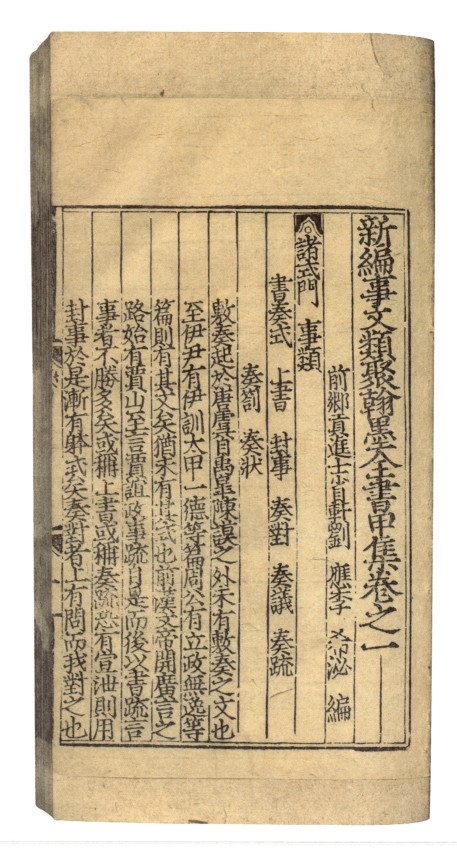

08608 新編事文類聚翰墨全書甲集十二卷乙集九卷丙集五卷丁集五卷戊集五卷己集七卷庚集二十四卷辛集十卷壬集十二卷癸集十一卷後甲集八卷後乙集聖朝混一方輿勝覽三卷後丙集六卷後丁集八卷後戊集九卷 〔元〕

劉應李輯 明初刻本

匡高15.7厘米，廣10.6厘米。半葉十二行，行二十四字，黑口，四周雙邊。首都圖書館藏，存七十六卷。

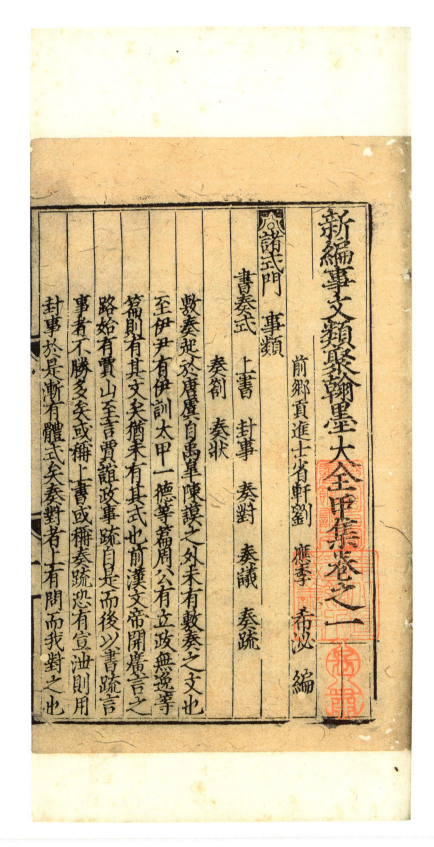

08609、08610 新編事文類聚翰墨大全甲集十二卷乙集十八卷丙集十四卷丁集十一卷戊集十三卷己集十二卷庚集十五卷辛集十六卷壬集十七卷癸集十七卷後甲集十五卷後乙集十三卷後丙集十二卷後丁集十四卷後戊集九卷　（元）劉應李輯　明初刻本

匡高15.8厘米，廣10.7厘米。半葉十二行，行二十四字，黑口，四周雙邊。遼寧省圖書館藏，存一百二十三卷；山東省圖書館藏，有"楊氏海原閣鑑藏印"、"楊紹和藏書"等印，存六十一卷。

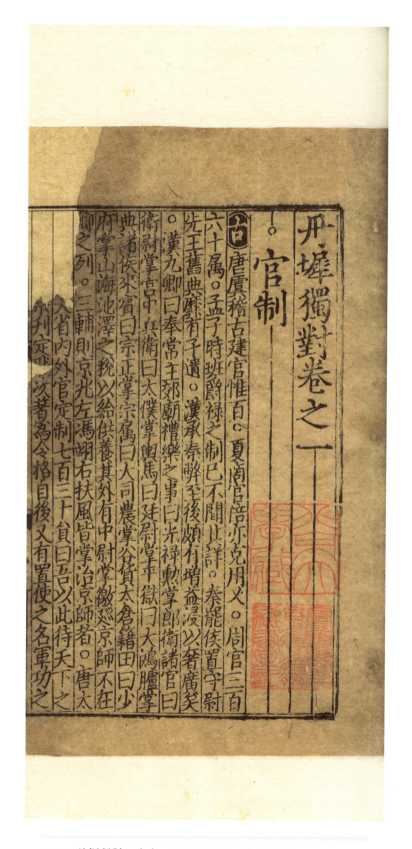

08611 丹墀獨對二十卷　〔元〕吳麟輯　明洪武十九年（1386）廣勤書

堂刻本

匡高16.8厘米，廣10.6厘米。半葉十四行，行二十四字，黑口，四周雙邊。

北京大學圖書館藏，存十卷。

形溼山者處上體之下而又應初既承且施非已所堪故有折足之凶
既覆敗其美道災及其形以致溼山也言不勝其任者此夫子之言引易
後以此結之其文少故不云子曰也李鼎祚集解子曰德薄而位尊虞
翻曰鼎四也則離九四凶惡小人故德薄四在乾位故位尊知小而謀
大虞翻曰兊爲少知乾爲大謀四在乾體故謀大力小而任重又虞
翻曰五至初體大過本末弱故力小也乾爲仁故任重以爲已任亦重乎
鮮不及矣所引孔穎達曰見前正義張横
虞翻曰鮮少也及於刑矣司馬温公說鼎
說子曰德薄而位尊上言不勝其任也自昔居台鼎之任德知力三者一
傳子曰德薄而位尊張紫巖
折足覆餗其形溼凶沾漬喪國亡家
有闕則弗能勝其事而況不足者乎宰相以德爲主雖有德而無智力亦無以
足以應變有智而無力則不足以鎮浮者夫德之不立中正而又
下應於陰德薄也位離明下知小也五兊毀折力少也郭雍解道之用無以
施不可自目一身至天下其用皆安有不勝之患哉此論不勝其任者蓋
感格天人而措天下於治矣德其賞乎鼎九四以陽承陰位不中正而又
因鼎而言也鼎器也於人才器之象也才器限量不同猶若鼎然故有不

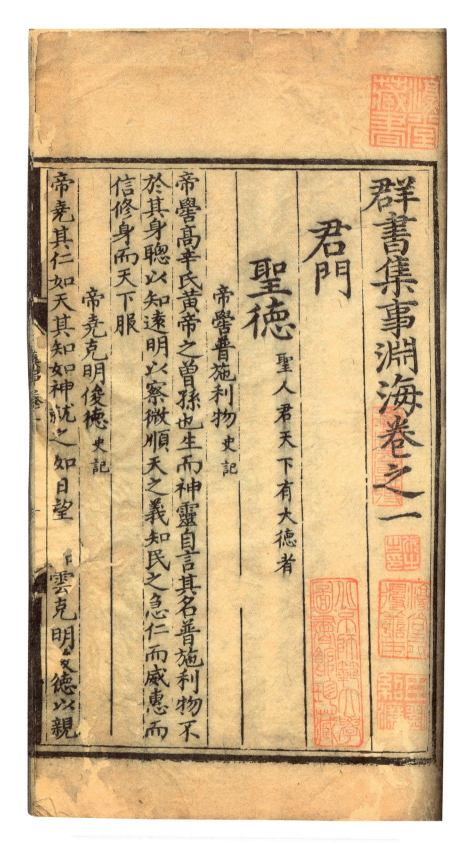

08613、08614 群書集事淵海四十七卷 明弘治十八年（1505）賈性

刻本

匡高20.1厘米，廣13.7厘米。半葉十二行，行二十四字，黑口，四周雙邊。

北京師範大學圖書館、福建省圖書館藏。

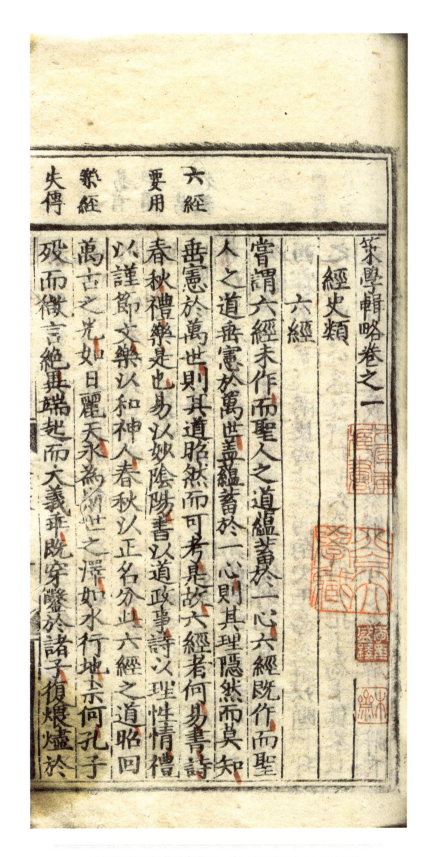

08615 策學輯略三卷附歷代序略一卷　　明弘治三年（1490）刻本

匡高22.4厘米，廣13.3厘米。半葉十行，行二十二字，黑口，四周雙邊。有
"李印盛鐸"等印。北京大學圖書館藏。

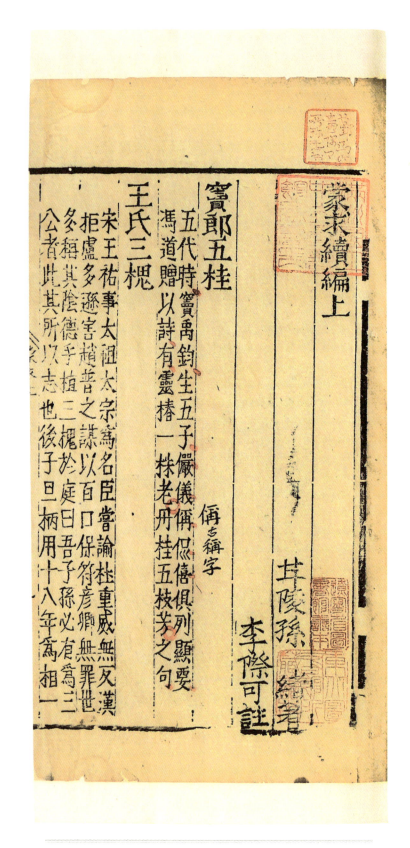

08616 蒙求續編二卷 （明）孫緒撰 （明）李際可注　明嘉靖十六年（1537）

孫悟刻本

匡高21.1厘米，廣13.2厘米。半葉八行，行二十字，小字雙行同，白口，左右雙邊。遼寧省圖書館藏。

楮記室卷第一

平田野老纂集

不肖孫潘蔓梓行

天部　時令附

分周天躔以度置閏月定四時成歲

天體至圓周圍三百六十五度四分度之一繞地左
旋常一日一周而過一度日麗天而少遲故日行一
日亦繞地·周而在天為不及一度積三百六十五
日九百四十分日之二百三十五而與天會是一歲
日行之數也月麗天而尤遲一日常不及天十三度
十九分度之七積二十九日九百四十分日之四百

08617 楮記室十五卷 〔明〕潘塤輯　明嘉靖潘蔓刻本

匡高19.2厘米，廣13.6厘米。半葉十行，行二十字，白口，四周單邊。遼寧
省圖書館藏。

新編博物策會目卷之一

比直隸上

順天府人物

屏石戴璟著

順天府人物

范鎮之賦幽州也曰繩直砥平形勝奕壇木華黍之傳
幽燕也曰虎踞龍蟠形勢雄偉以今考之是邦之地左
環滄海右擁大行北枕居庸南襟河濟形勝甲於天下
誠天府之國也宛其沿革唐虞皆爲幽都夏殷皆入冀
地周則封堯後於薊封召公於燕正此地也歟後漢曰
廣陽晉曰范陽宋曰燕山元曰大興我
朝初謂之北平而爲燕府龍潜之地尋建爲北京而謂
之順天焉生是地者沉鷙材藝感慨悲歌自古號多豪

08618 新編博物策會十七卷 〔明〕戴璟撰 明嘉靖十七年（1538）李
復初、高鳳鳴刻本
匡高20.5厘米，廣14.2厘米。半葉十二行，行二十一字，白口，四周單邊。
北京師範大學圖書館藏。

修辭指南卷第一

皇明國子監助教東海浦南金編次

天文部

象緯類凡八篇

爾雅

四時　風雨　星名

左腋

八風

08619、08620 **修辭指南二十卷** 〔明〕浦南金輯　明嘉靖三十六年（1557）

浦氏五樂堂刻本

匡高18.5厘米，廣13.1厘米。半葉九行，行十八字，小字雙行同，白口，左右雙邊。北京師範大學圖書館、吉林大學圖書館藏。

左粹類纂卷之一　　　　　　　吳郡後學施僑集

制命

姬軱東王迹熄天下不聞其教令久矣間有
之賜齊則重下拜勞晉則往授策何王之與
有不絕如綫以終春秋之世無亦桓文翼戴
之力也夫雖然平戎功懋嘉饗請隧情
逆距以大章聞者至今猶能使人知勸懲也
恭佐得人豈其教令不行於天下哉

襄王賜齊相胙　　　　　　襄王饗管仲上卿
襄王拒晉文請隧　　　　　襄王策命晉文

一卷　　　　　　　同今
一　　　　一　　　同
六奎

08621 左粹類纂十二卷 （明）施仁輯　明嘉靖安國弘仁堂刻本

匡高19.8厘米，廣14.4厘米。半葉十一行，行二十二字，小字雙行同，白口，左右雙邊。有"蒼巖山人書屋記"等印。廈門大學圖書館藏。

三才通考卷中

地理

遼東

錫山後學秦汴編次

東魯畢恭遼東志序曰當元季時有元平章劉益

高家奴分據是方洪武初　　上遣使諭以天時

人事益等於是奉表來歸　　上復遣使詔諭益

等授職有差設衛治於益州洪武四年以都指

揮使馬雲葉旺率兵渡海自金州而抵遼陽設

定遼都衛既而分設定遼左等五衛幷東寧衛

08622、08623 三才通考三卷 （明）秦汴撰　明嘉靖二十一年（1542）

刻本

匡高18.8厘米，廣14厘米。半葉十行，行十九字，白口，左右雙邊。東北師

範大學圖書館藏，存一卷；山東省圖書館藏，存一卷。

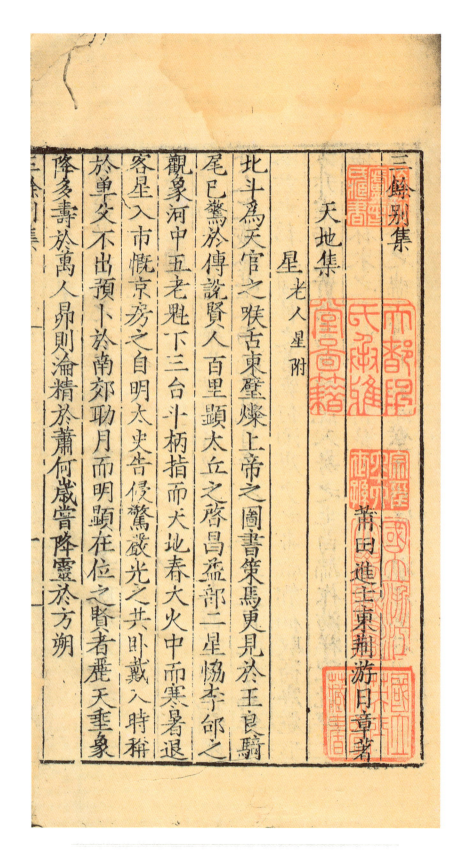

08624 三餘別集不分卷 （明）游日章撰 明嘉靖四十一年（1562）刻本

匡高19.7厘米，廣12.8厘米。半葉廿行，行二十四字，白口，四周單邊。浙江大學圖書館藏。

考古辭宗卷第一

高安況叔祺編

天文部

象緯類 凡二十五篇

爾雅 四時 風雨

左腋 八風 星名

08625 考古辭宗二十卷 （明）況叔祺輯　明嘉靖四十一年（1562）巫

繼咸刻本

匡高18.5厘米，廣13.5厘米。半葉九行，行十八字，小字雙行同，白口，左

右雙邊。故宮博物院藏。

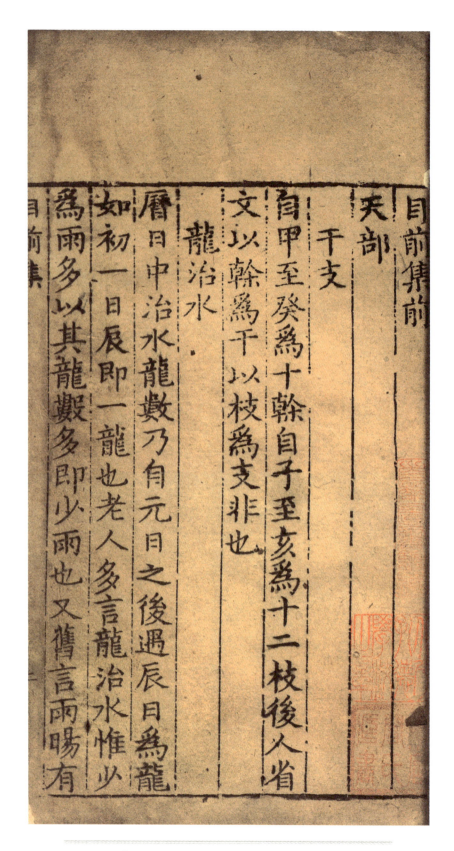

08626 目前集二卷　　明刻本

匡高20.6厘米，廣13厘米。半葉九行，行十八字，白口，四周單邊。首都圖
書館藏。

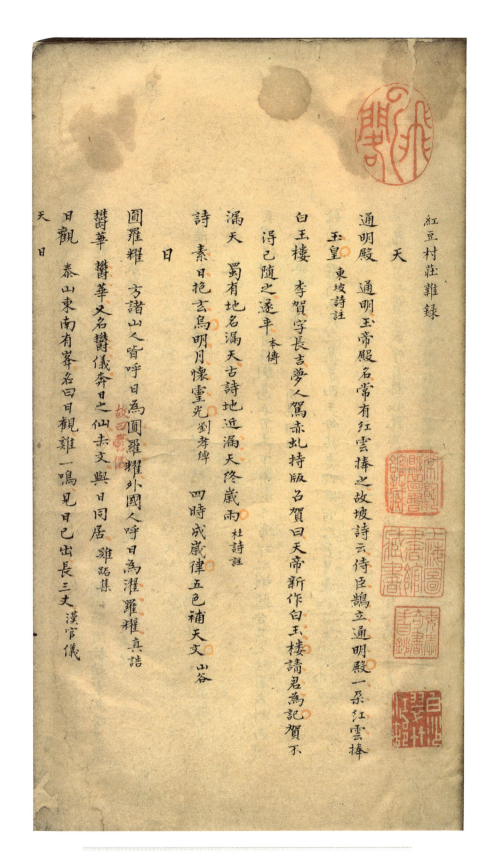

紅豆村莊雜錄

天

通明殿　通明玉帝殿名常有紅雲捧之故坡詩云侍臣鵠立通明殿一朵紅雲捧

玉皇　東坡詩註

白玉樓　李賀字長吉夢人駕赤虬持版召賀曰天帝新作白玉樓請君為記賀不得已隨之遂卒　本傳

漏天　蜀有地名漏天古詩地近漏天終歲雨　杜詩註

詩　素日抱玄烏明月懷靈光　劉孝綽　四時成歲律五色補天文　山谷

日

圓羅耀　方諸山人皆呼日為圓羅耀外國人呼日為灌羅耀真誥

醫華　醫華又名醫儀奔日之仙未文與日同居　雞跖集　故曰雲儀

天日

日觀　泰山東南有峯名曰日觀雞一鳴見日已出長三丈　漢官儀

08627 紅豆村莊雜錄一卷　題（清）柳是輯　清乾隆抄本

魚元傅跋。江蘇省常熟市圖書館藏。

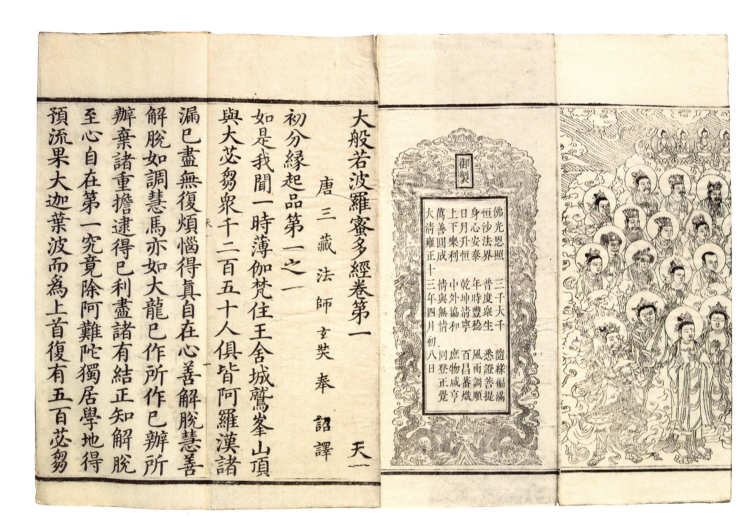

大般若波羅蜜多經卷第一

唐三藏法師玄奘奉　詔譯

初分緣起品第一之一

如是我聞一時薄伽梵住王舍城鷲峯山頂

與大苾芻衆千二百五十人俱皆阿羅漢諸

漏已盡無復煩惱得真自在心善解脱慧善

解脱如調慧馬亦如大龍已作所作巳辦所

辦棄諸重擔逮得巳利盡諸有結正知解脱

至心自在第一究竟除阿難陀獨居學地得

預流果大迦葉波而爲上首復有五百苾芻

天一

御製

佛光恩照沙法界
恒心安泰
日月升恒
身下樂利
上下樂利
萬善圓成
大清雍正十
三年
四月初
八日同發正覺

三千大千
普度衆生
乾坤清寧
中外協和
情與無情
庶物咸亨
百昌蕃順
風雨調順
隨緣福滿
悉證菩提

08628 乾隆版大藏經七千一百六十七卷　清雍正十三年（1735）內府

刻本

經折裝。匡高27厘米，廣12.8厘米。半葉五行，行十七字，上下雙邊。陝西

省考古研究院藏，存六千七百七十九冊。

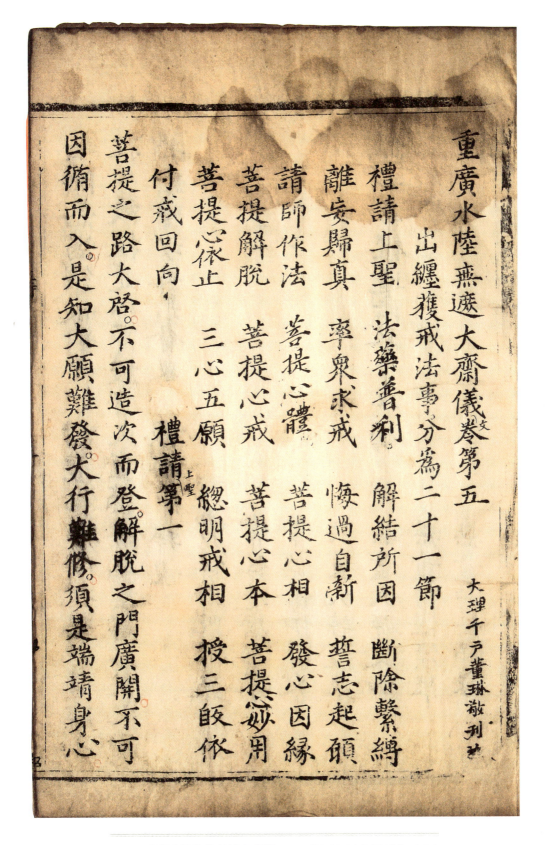

重廣水陸燕邈大齋儀卷第五 大理千戶董琳敬刊行

出纏獲戒法事分爲二十一節

禮請上聖 法藥普利 解結所因 斷除繫縛

離妄歸真 率衆求戒 悔過自新 誓志起願

請師作法 菩提心體 菩提心相 發心因緣

菩提解脫 菩提心戒 菩提心本 菩提心用

菩提心依止 三心五願 總明戒相 授三皈依

付戒回向 禮請第一 上聖

菩提之路大啓。不可造次而登。解脫之門廣開不可

因循而入。是知大願、難發大行難修。須是端靖身心

08629 重廣水陸法施無遮大齋儀 〔梁〕蕭衍制 〔宋〕楊諤修撰 〔宋〕

釋祖覺重廣 〔元〕師習編次 明洪武十二年（1379）大理董琳刻本

匡高31.3厘米，廣23.5厘米。半葉十行，行二十字，黑口，四周雙邊。雲南

省圖書館藏。

讀莊一映

內篇

逍遙遊第一

支道林曰逍遙遊者明至人之心也此語從外篇心

燕天游則六鑿相攘悟出令座上諸名賢擬議都廢

即此是支公天機恰與莊會而非由揣摩故求扳理

於向郭也逍遙遊曰至人燕已神人燕功聖人燕名

讀在一夫為鴷逍遙卷

晴川顧如華西獻父著

曲梁申涵光旡盟父訂

08630 讀莊一映不分卷 〔清〕顧如華撰　清活字印本

匡高20厘米，廣13.5厘米。半葉九行，行二十字，白口，四周單邊。北京師
範大學圖書館藏。

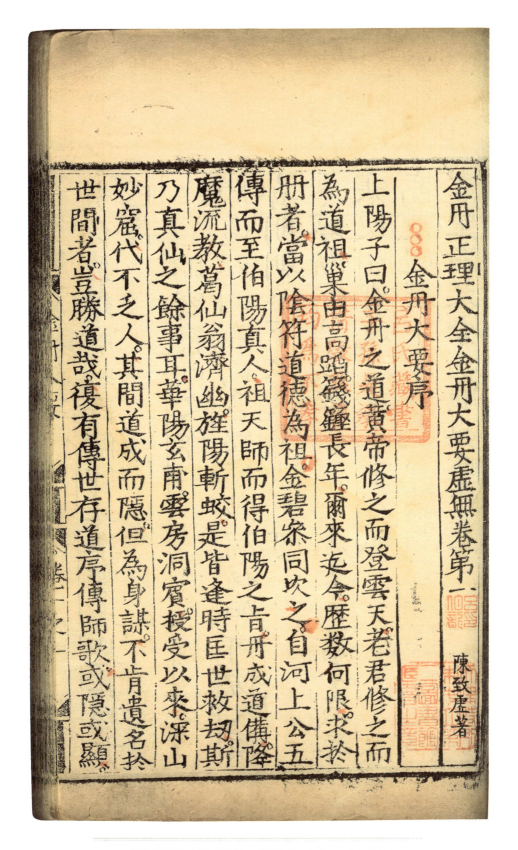

世間者豈勝道哉復有傳世存道序傳師歌或隱或顯
妙窟代不乏人其間道成而隱但為身謀不肯遺名於
乃真仙之餘事耳華陽玄甫雲房洞賓授受以來深山
魔流教蒿仙翁濟幽旌陽斬蛟是皆逢時匡世救却斯
傳而至伯陽真人祖天師而得伯陽之旨舟成道備降
冊者當以陰符道德為祖金碧衆同吹之自河上公五
為道祖巢由高蹈籛鏗長年爾來迄今歷數何限求於
上陽子曰金丹之道黃帝修之而登雲天老君修之而

金丹大要序

金丹正理大全金丹大要虛無卷第一　　　　陳致虛著

08631 金丹正理大全四十二卷　明嘉靖十七年（1538）周藩刻本

匡高19.6厘米，廣13.3厘米。半葉十行，行二十一字，小字雙行同，黑口，
四周雙邊。天津圖書館藏。

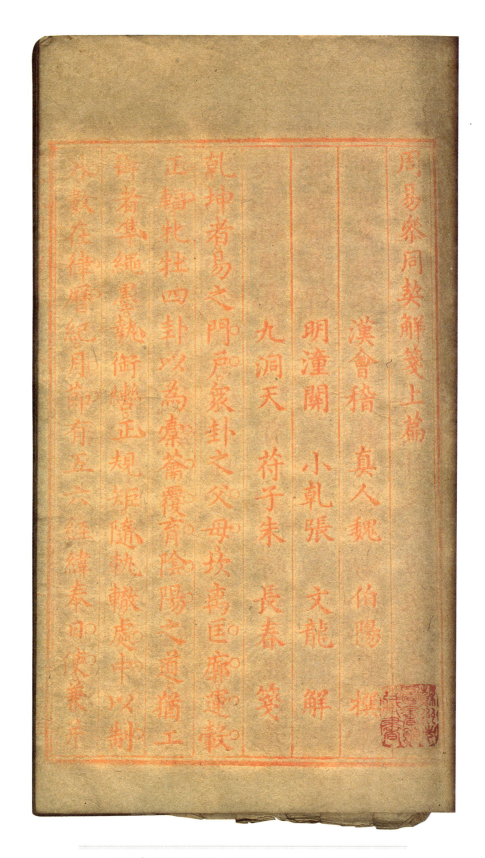

08632 周易參同契解箋三卷 （明）張文龍解 （明）朱長春箋 明萬曆
四十年（1612）刻朱印本
匡高21.9厘米，廣14.5厘米。半葉八行，行十八字，小字雙行同，白口，四
周雙邊。蘇州圖書館藏。

抱朴子外篇卷之一

嘉遯

抱朴子曰有懷氷先生者薄周流之棲遑悲
吐握之良苦讓膏於壤陸海愛躬耕乎斥鹵
秘六奇以括囊含琳琅而不吐謚清音則莫
之或聞掩輝藻則世不得觀背朝華於朱門
保恬寂乎蓬户絶軹躅於金張之間養浩然
於幽人之什謂榮顯為不幸以玉帛為草土
抗靈規於雲表獨達今而遂古庇峻岫之巍
我藉翠蘭之芳苗漱流霞之澄液茹八石之
精英思渺眇焉若居乎虹霓之端意飄飄焉

08633 抱朴子内篇二十卷外篇五十卷 〔晉〕葛洪撰 明抄本

匡高19.2厘米，廣13.8厘米。半葉十一行，行十七字，藍格，白口，左右雙
邊。陸儁跋。四川省圖書館藏。

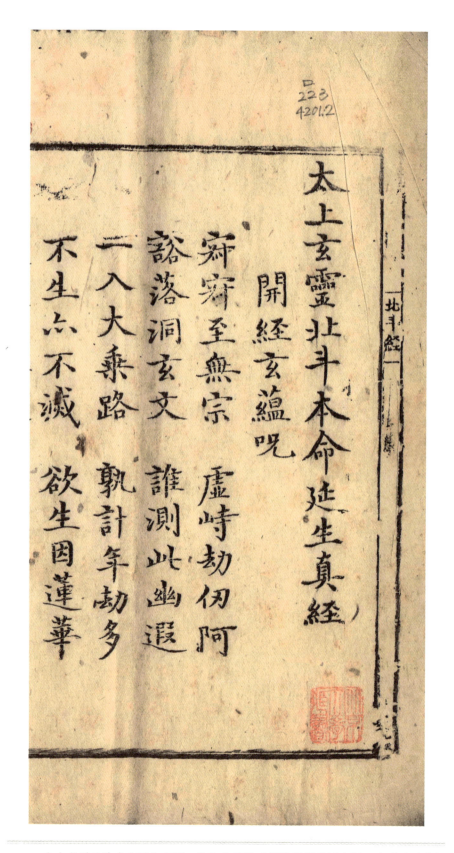

08634 太上玄靈北斗本命延生真經一卷太上靈寶天尊說禳災度厄真經一卷元始天尊說北方真武妙經一卷太上說平安竈經一卷太上正一天尊說鎮宅消災龍虎妙經一卷 明宣德

元年（1426）刻本

北京大學圖書館藏。

九天應元雷聲普化天尊說玉樞寶經

爾時

九天應元雷聲普化天尊在玉清天中與十

方諸天帝君會於玉虛九光之殿欝蕭彌羅

之館紫極曲密之房閱太幽碧瑤之笈考洞

微明晨之書交頭接耳細議重玄諸多陪臣

左右跐踖

天尊宴坐朗誦洞章諸天帝君長吟步虛綠

女仙姝散花旋繞復相引領遊戲翠宮群仙

導前先節後鈇龍旂鸞軿飄颻太空並集於

玉梵七寶層臺時有雷師皓翁於仙眾中越

班而出面

天尊前頻顫作禮勃戀長跪上白

天尊言天尊大慈天尊大聖為羣生父為萬

08635 九天應元雷聲普化天尊說玉樞寶經一卷 明宣德九年（1434）

刻本

經折裝。半葉七行，行十四字，行十七字，上下雙邊。北京大學圖書館藏。

御愛南極盪兜忠孝祕法

　師派

清微天中太上雷祖玉清聖境元始天尊

太上開天執符御曆昊天至尊玉皇上帝

太微勾陳雷祖天皇上帝

紫微中宮北極大帝

北極天蓬真君蒼天上帝

北極天猷真君丹天上帝

北極翊聖真君皓天上帝

08636 御愛南極盪兜忠孝祕法不分卷　明抄本

匡高18.5厘米，廣13.5厘米。半葉九行，行二十字，小字雙行同，白口，四周雙邊。山東省圖書館藏。

上清靈寶濟度大成金書卷第一

制授顧和養素崇教高士 周思得修集

玄教祝頌門

萬壽聖節祝香文

伏以虹流華渚當

天人協慶之期日麗層霄值海嶽效靈之會懽騰宇宙瑞靄

乾坤其_{觀宮}焚脩道士_{臣某}_{云云}茲遇

天壽聖節之辰謹率道衆恭詣殿庭爇炷香燈拜宣經典上祝

皇帝陛下伏願

壽與

天齊

恩同春育心馳

08637-08639　上清靈寶濟度大成金書四十卷　（明）周思得輯　明宣

德七年（1432）楊震宗刻本

匡高23.7厘米，廣14.9厘米。半葉十二行，行二十五字，黑口，四周雙邊。

北京大學圖書館、天津圖書館、無錫市圖書館藏。

天主聖教聖人行實

凡聖人

有七卷

宗徒第一

司教第二

致命第三 聖女

顯修第四

隱修第五

童身第六

守節第七

耶穌會士高一志述

武林崇禎二年超性堂刻

08640 天主聖教聖人行實七卷 （義大利）高一志撰　明崇禎二年（1629）

武林超性堂刻本

匡高21.1厘米，廣14.8厘米。半葉九行，行二十字，白口，四周雙邊。蘇州
圖書館藏。

生慎内閉外多知爲敗我守其一以處其和焉

漢書班固曰漁釣於一壑則萬物不干其志棲遲於

一丘則天下不易其樂

・緗素雜記

罘罳

漢書文帝紀云未央宮東闕罘罳灾崔豹古今註云

罘罳屏之罘者復也思也臣朝君至屏外復思

所奏之事於其下顏師古註云罘罳謂連闕曲閣也

以覆重刻垣墉之處其形罘罳然一曰屏也又禮記

云疏屏天子之廟飾也鄭註云屏謂之樹今浮思也

宋黄朝英 字士俊 建安人

刻之爲雲氣蟲如令闕上爲之矢又劉熙釋名曰罘

罳在門外罘復也臣將入請事於此復重思也余按

唐蘇鶚演義稱罘罳織絲爲之輕踈浮虛象緗羅交

文之狀盖宮殿簷戶之間也乃引文宗實錄云太和

中其露之瑞群臣與王僧辨書云罘罳畫卷聞闔晨

杜甫天寶詩云罘罳朝共樂落檐桶夜同傾又引

溫庭筠補陳武帝屏障之意反以崔豹顏師古之徒

開爲證皆非曲閣屏障之意反以崔豹顏師古之徒

爲大誤又案段成式酉陽雜俎稱士林間多呼殿壖

桶護崔經爲罘罳其淺誤也如此乃引張揖廣雅曰

08641 說郛一百卷 （明）陶宗儀編　明抄本

匡高20.7厘米，廣13.2厘米。半葉十行，行二十一字，藍格，藍口，四周雙邊。浙江省瑞安市文物館藏，存五十二卷。

水經卷第一

　　河水一

　　　漢桑欽撰

　　　後魏酈道元注

崑崙墟在西北

三成爲崑崙丘崑崙說曰崑崙之山三級下曰樊

桐一名板松二曰玄圃一名閬風上曰層城一名

天庭是謂太帝之居

去嵩高五萬里地之中也

禹本紀與此同高誘稱河出崑山伏流地中萬三

千里禹導而通之出積石山按山海經自崑崙至

積石一千七百四十里自積石出隴西郡至洛準

地志可五千餘里又按穆天子傳天子自崑山入

〔水經卷上〕

08642　山海經水經合刻五十八卷　〔明〕黃省曾編　明嘉靖十三年

（1534）黃省曾刻本

匡高20.3厘米，廣15.8厘米。半葉十二行，行二十字，白口，左右雙邊。河北省博物館藏。

南方草木狀

禽經一卷

獸經一卷

右百家名書一百種二百九十五卷明錢塘胡文煥德甫氏編刻板

欽定四庫全書提要文煥字德甫號全卷一號抱芝居士蓋有文會堂

鬯譜六卷又刻板跋甚書或卷數為萬歷天啟間坊賈射利之率雜樣

諸書更易名目所刻此云定數隨印數十種印板刻一目錄故與同所行之幸

部之必殊究不知厲全書凡幾種庸惡隨方使人厭觀此幸與板跋甚書相

等所刻必種此大同小異百家名書之名明史藝文志不載　四庫提要此未收並所

係板跋甚書之易名誠有如　提要所方造印隨刻意在寥幻以影耳目蓋其

08643 百家名書一百三種二百二十九卷 （明）胡文煥編　明萬曆胡

氏文會堂刻本

匡高19.5厘米，廣13.7厘米。半葉十行，行字不等，白口，左右雙邊。方功

惠跋。山東省圖書館藏。

采昭堂秘書史拾

梁　沈　約　註　明　　吳弘基閲

郎　　渠較

黃帝軒轅氏

母曰附寶見大電繞北斗樞星光照郊野感而孕。

二十五月而生帝於壽丘弱而能言龍顏有聖德。

勁百神朝而使之應龍玫蚩尤戰虎豹熊羆四獸

之力以女魃止淫雨天下既定聖德光被羣瑞畢

08644　采昭堂秘書史拾九種十四卷附四種四卷　（明）鍾惺編　明末
刻本

匡高18.9厘米，廣12.5厘米。半葉八行，行二十字，白口，左右雙邊。揚州
市圖書館藏。

—— 214 ——

易緯乾坤鑿度卷上

乾鑿度

庖犧氏先文

公孫軒轅氏演古籀文

蒼頡修爲上下二篇　其蒼頡注黃帝史官離周宣王時史籀也厚反又直祐反非遠理

黃帝曰太古百皇闢基文籀　有熊氏庖犧氏　知生化柢晤茲天心天與

微萌始有熊氏　亦名蒼牙也天垂萬化之心令羣物不息　本柢也知化○按文本作氏原本作惠從明萬范之本柢晤曉也　慮萬源無成人聖　同生也知化○按之本柢原本作惠從明范欽本改正柢字原本誤作正柢字原

並本誤作今據文改正其流慷惄盡聖與智設幾教門源流今從之　知化萬行○按與字原本誤作門字原本誤作門今從

性大行○按與字原本誤作門字原

08645　武英殿聚珍版書一百三十八種二千四百十六卷　清乾隆武英

殿活字印本〔易緯、漢宮舊儀、魏鄭公諫續錄、帝範注清乾隆三十八年武英殿刻本〕

匡高19.4厘米，廣12.6厘米。半葉九行或十行，行二十一字，小字雙行同，白口，四周雙邊。天津圖書館藏。

王氏家藏集卷之一

浚川王廷相著

門人鄥湯紹恩余承業校

風雅體

圓丘

圓丘頌分禋也嘉靖九年日南至

皇上始郊

天於圓丘臣廷相稽首拜首忭以紀事

迎長郊　帝維周之載　皇典是崇式修式類

格天之功　神祖攸配考茲大禋暨於末世

08646　王氏家藏集五種六十五卷 （明）王廷相撰　明嘉靖刻本

匡高17.8厘米，廣14.1厘米。半葉十行，行十八字，白口，四周單邊。有
"絳雲樓藏書"等印。石家莊市圖書館藏。

三測　　　　　　　　歸安唐樞撰

冥壙之與俱以彼合則荒耻兹之與馳以我
合則援涵三無術帶三無主聰三無從夷猶
覆載離失求之而不得討若義求之而不得
窮駸反繹意者或有歸圖然測之而已敢曰
至平哉因述焉以俟道槃

五氣

08647　木鐘臺集初集十種十卷再集十種十一卷雜集十種十卷附年

譜一卷　（明）唐樞撰　明嘉靖萬曆間刻本

匡高19厘米，廣12厘米。半葉九行，行十八字，黑口，四周單邊。山西大學
圖書館藏。

石經補攷卷一

勅
賜授儒林郎賜進士出身翰林院庶吉士臣馮登府恭攷

國朝石經攷異

周易

08648 石經閣集九種 （清）馮登府撰 稿本

匡高18.7厘米，廣12.9厘米。半葉十行，行字不等，白口，四周單邊。有"登府手校"等印。秦更年跋。上海圖書館藏，存二十二卷。

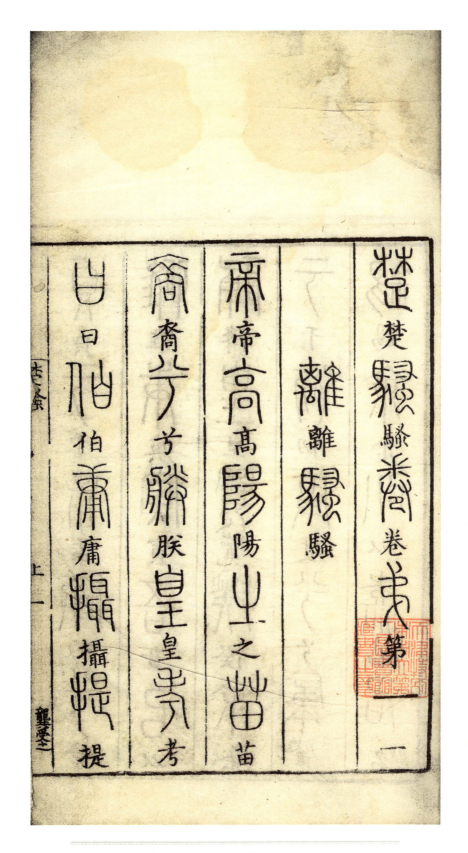

08649 楚騷五卷 〔楚〕屈原撰　**附録一卷** 〔漢〕司馬遷撰　明正德

十五年（1520）熊宇刻篆字本

匡高19.4厘米，廣14.7厘米。半葉五行，行十字，白口，四周單邊。天津圖
書館藏。

前世未聞後人莫繼豈古奇作也劉勰曰不有屈原豈見離騷信哉古文章家不掩其情質者屈子一人

雖騷復風之遺也與比賦錯出有理成章讀之細玩井有瑯珀余十二句總筆汲々慕其述日待見之嘉寫昉濃云

楚辭上

離騷

帝高陽之苗裔兮朕皇考曰伯庸攝提貞于孟陬兮惟庚寅吾以降皇覽揆余于初度兮肇錫余以嘉名名余曰正則兮字余曰靈均紛吾既有此内美兮又重之以脩能扈江離與辟芷兮紉秋蘭以為佩汨余若將弗及兮恐年歲之不吾與朝搴阰之木蘭兮夕攬中洲之宿莽日月忽其不淹兮春與秋其代序惟草木之零落兮恐美人之遲暮不

楚辭上離騷

上二

08650　楚辭二卷　（楚）屈原　宋玉　（漢）賈誼等撰　明萬曆四十八年（1620）閔齊伋刻三色套印本

匡高21.1厘米，廣15.2厘米。半葉九行，行十九字，白口，四周單邊。遼寧省圖書館藏。

楚辭卷第一

離騷經章句第一

後學西蜀高第吳郡黃省曾校正

漢劉向子政編集王逸叔師章句

離騷經者屈原之所作也屈原與楚同姓仕於
懷王爲三閭大夫三閭之職掌王族三姓曰昭
屈景屈原序其譜屬率其賢良以厲國士入則
與王圖議政事決定嫌疑出則監察群下應對
諸侯謀行職修王甚珍之同列大夫上官靳尚
妒害其能共讒毀之王乃疏屈原屈原執履忠

08651、08652 楚辭章句十七卷 （漢）王逸撰 明正德十三年（1518）黃
省曾、高第刻本
匡高19厘米，廣14.6厘米。半葉十行，行十八字，小字雙行同，白口，左右
雙邊。吉林大學圖書館藏，裘伯弓跋；四川省圖書館藏。

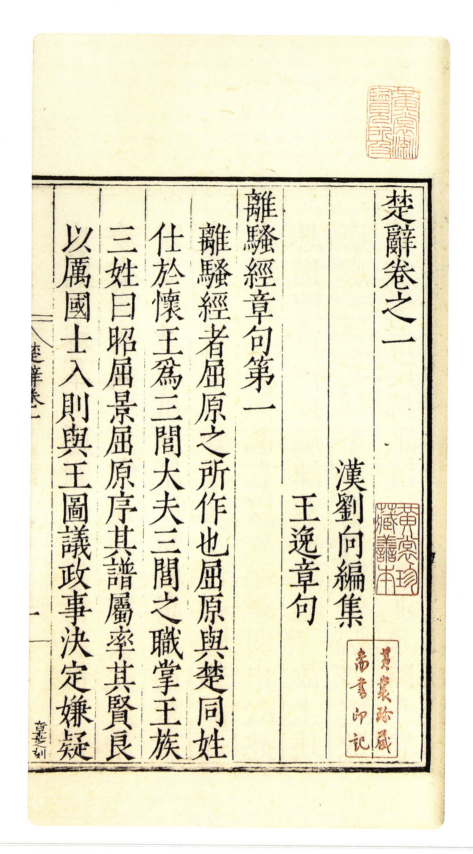

08653-08657 楚辭章句十七卷 （漢）王逸撰 **疑字直音補一卷** 明隆慶五年（1571）豫章夫容館刻本

匡高20.4厘米，廣14.3厘米。半葉八行，行十七字，小字雙行同，白口，四周雙邊。江西省圖書館藏。吉林大學圖書館、天津圖書館藏，爲明隆慶五年（1571）豫章夫容館刻重修本；江西省圖書館藏另一部，爲天啓三年（1623）叢桂堂重修本；江西省圖書館藏另一部，爲隆慶五年（1571）豫章夫容館刻重修本。

前世未聞後人真
継亘古奇作也劉
勰曰不有屈原豈
見離騷信哉
自古文章家不
掩其情質者
屬子一人

楚辭卷第一

漢劉向子政編集王逸叔師章句

明後學武林馮紹祖繩武父校正

離騷經章句第一

離騷經者屈原之所作也屈原與楚同姓仕於

懷王為三閭大夫三閭之職掌王族三姓曰昭

屈景屈原序其譜屬率其賢良以厲國士入則

與王圖議政事決定嫌疑出則監察群下應對

諸侯謀行職修王甚珍之同列大夫上官靳尚

楚辭章句卷一

杭州郁文瑞書

08658 楚辭章句十七卷 （漢）王逸撰 **疑字直音補一卷** 明萬曆十四
年（1586）馮紹祖觀妙齋刻本
匡高21.5厘米，廣14.5厘米。半葉九行，行十八字，小字雙行同，白口，左
右雙邊。彭孫遹批校并跋。寧波市天一閣博物館藏。

楚辭卷之一

王逸叙次 陳深批

離騷經第一

離騷經者屈原之所作也屈原與楚同姓
仕於懷王為三閭大夫三閭之職掌王族
三姓曰昭屈景屈原序其譜屬率其賢良
以厲國士入則與王圖議政事決定嫌疑
出則監察羣下應對諸侯謀行職修王甚
珍之同列大夫上官靳尚妬害其能共譖

楚辭 卷一 一

竊報曰吾讀楚辭
以為除書
李至曰楚辭氣悲
海也
劉鳳曰詞賦之有
屈子猶觀遊之有
蓬閬僊遊之有溟
賈島曰騷者愁也
始乎屈原為君昏
暗時寵平諫佞之
臣食惠抱素進於
逆耳之諫君暗不
納放之湘南遂為
離騷經以香草比
君子以美人喻其
君乃變風而入其
騷剌之貴正其風
而歸於化也

08659、08660 楚辭十七卷 （宋）洪興祖 （明）劉鳳等注 （明）陳深
批點 附錄一卷 明凌毓枏刻朱墨套印本
匡高21.5厘米，廣14厘米。半葉八行，行十八字，白口，四周單邊。天津圖
書館藏；安徽省圖書館藏，有"章伯鈞"、"李建生"等印。

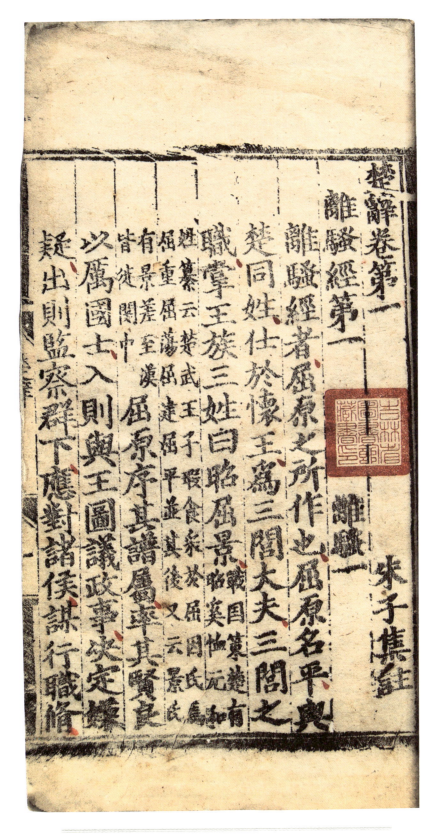

08661　楚辭集註八卷辯證二卷後語六卷　（宋）朱熹撰　明成化十一
年（1475）吳原明刻本
匡高21.2厘米，廣13厘米。半葉九行，行十七字，小字雙行同，黑口，四周
雙邊。吉林省圖書館藏。

楚辭卷第一

離騷經第一

　　離騷經第一　　　集註

　　　　　　　　　　離騷一

離騷經者屈原之所作也屈原名平與楚

同姓仕於懷王爲三閭大夫三閭之職掌

王族三姓曰昭屈景　戰國策楚有昭奚恤

子椒食采於屈因氏焉屈重屈蕩屈建屈

平並其後又云景差至漢皆徙關　元和姓纂云楚武王

中屈原序其譜屬率其賢良以厲國士入

則與王圖議政事決定嫌疑出則監察羣

下應對諸侯謀行職修王甚珍之同列上

官大夫及用事臣靳尚妬害其能共譖毀

08662-08665　楚辭集註八卷辯證二卷後語六卷　〔宋〕朱熹撰　反離騷一卷　〔漢〕揚雄

撰　明嘉靖十四年（1535）袁聚刻本

匡高20厘米，廣15.4厘米。半葉十行，行十八字，小字雙行同，白口，左右雙邊。浙江大學圖書館
藏；武漢圖書館藏，存十六卷；陝西省圖書館藏，存十四卷；南開大學圖書館藏，無反離騷一卷，秦更
年校并跋。

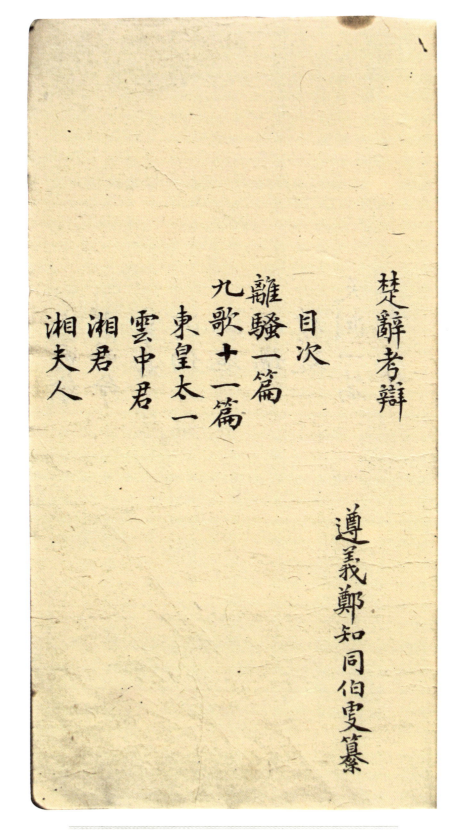

08666 楚辭考辯不分卷 〔清〕鄭知同撰 稿本

半葉九行，行十五字。黎庶昌跋，貴州省博物館藏。

漢蔡中郎集卷之一

明祕襂喬世寧景叔無錫俞憲汝成校訂任

城楊賢子庸梓行

獨斷

漢天子正號曰皇帝自稱曰朕臣民稱之曰陛下其言

曰制詔史官記事曰上車駕衣服器械百物曰乘輿所

在曰行在所所居曰禁中後曰省中印曰璽所至曰幸

所進曰御其命令一曰策書二曰制書三曰詔書四曰

戒書

蔡中郎集　卷一

一

08667—08669 漢蔡中郎集六卷 （漢）蔡邕撰　明嘉靖二十七年（1548）楊賢刻本

匡高19.9厘米，廣14.6厘米。半葉九行，行二十一字，白口，四周單邊。吉林大學圖書館藏，有"陽湖陶氏涉園所有書籍之記"等印；天津圖書館藏；中共北京市委圖書館藏，有"紅薇館藏書記"、"曾在潛樓"、"西泠許氏珍藏金石書畫之印"、"瘦筇過眼"等印。

曹子建集卷第一

魏陳思王曹　植　撰

東征賦并序

建安十九年王師東征吳寇余典禁兵衛官
省然神武一舉東夷必克想見振旅之盛故
作賦二篇

登城隅之飛觀兮望六師之所營幡旗轉而
心異兮舟楫動而傷情顧身微而任顯兮愧
任重而命輕嗟我愁其何為兮心遙思而懸

曹集卷一

〔二〕

08670 曹子建集十卷 　（魏）曹植撰　疑字音釋一卷　明嘉靖二十一年
（1542）郭雲鵬刻本
匡高19.5厘米，廣14.4厘米。半葉九行，行十七字，小字雙行同，白口，左
右雙邊。有"寶善堂梓"牌記。中共北京市委圖書館藏。

曹子建集卷之一

賦十首

○東征賦 并序

建安十九年王師東征吳冠余典禁兵衛官省

然神武一舉東夷必克想見振旅之盛故作賦

二篇、

登城隅之飛觀兮望六師之所營幡旗轉而心

異兮舟楫動而傷情顧身微而任顯兮愧任重

子建集卷一

一

08671、08672 **曹子建集十卷** 〔魏〕曹植撰 明天啓元年（1621）凌性

德刻朱墨套印本

匡高19.5厘米，廣13.8厘米。半葉八行，行十八字，白口，四周單邊。故宮
博物院藏；吉林省圖書館藏，徐興公跋，存六卷。

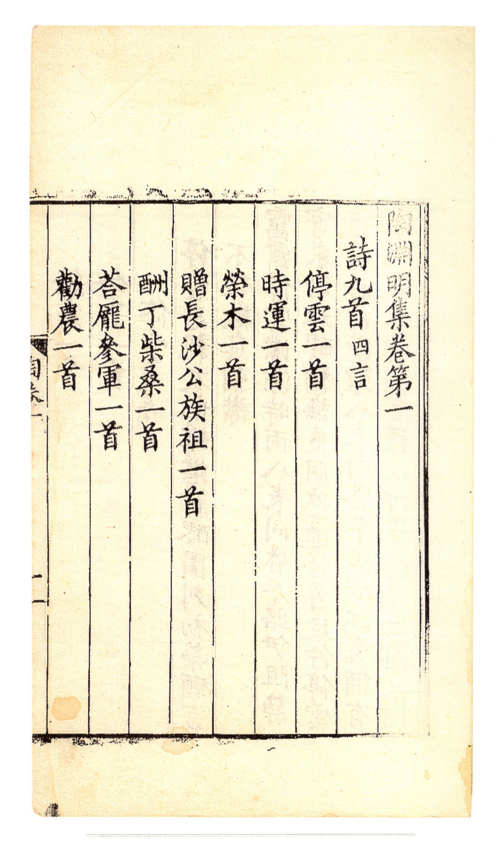

08673、08674 陶淵明集十卷 〔晉〕陶潛撰 **附録二卷** 明嘉靖二十四
年（1545）龔雷刻本
匡高19厘米，廣14.5厘米。半葉九行，行十七字，白口，左右雙邊。有"嘉靖
乙巳後學龔雷校刻于家塾"牌記。湖南省社會科學院圖書館、蘇州圖書館藏。

陶靖節集卷之一　建寧府城衢泉黃店梓行

詩四言

劉後村曰四言自曹氏父子王仲
宣陸士衡後惟陶公最高停雲榮
木等篇殆突過建安矣又曰四言
尤難以三百五篇在前故也

停雲　并序

停雲思親友也罇酒新湛
湛讀園日沉

08675 陶靖節集十卷 （晉）陶潛撰　明建寧城衢泉黃店刻本

匡高18.5厘米，廣13厘米。半葉九行，行十六字，白口，四周單邊。蘇州市
吳中區圖書館藏。

陶靖節集卷之一

詩四言

停雲并序

停雲思親友也罇酒新醪園列初榮願言不從歎息彌襟 讀日湛 沈

劉後村曰四言自曹氏父子王仲宣陸士衡後惟陶公最高停雲榮木等篇殆突過建安矣又曰四言尤難以三百五篇在前故也

08676　陶靖節集十卷　（晉）陶潛撰　（宋）湯漢等箋注　總論一卷　明

嘉靖二十五年（1546）蔣孝刻本

匡高20厘米，廣13.9厘米。半葉九行，行十八字，白口，左右雙邊。天津圖
書館藏。

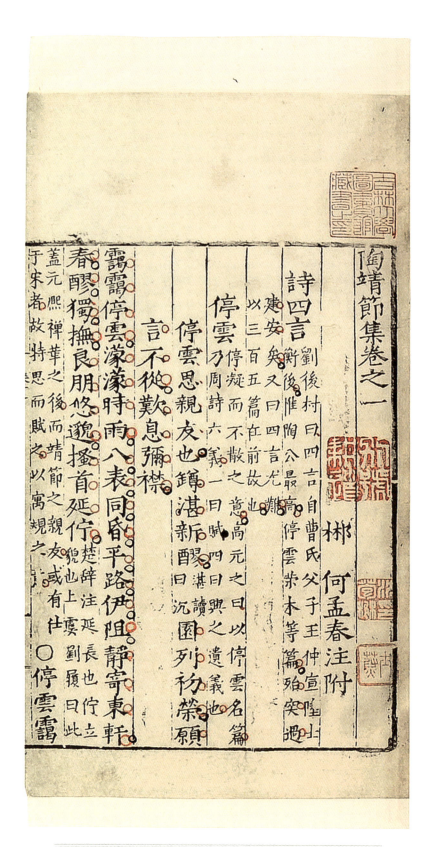

08677 陶靖節集十卷 〔晉〕陶潛撰 〔明〕何孟春注 明正德刻本

匡高20.2厘米，廣14厘米。半葉十行，行二十字，白口，四周單邊。有"葉啓勛"、"定庚所藏"等印。吉林大學圖書館藏。

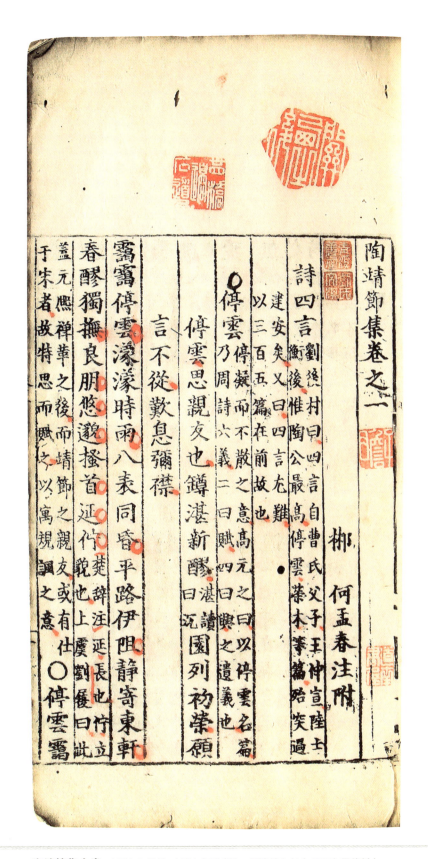

08678 陶靖節集十卷 （晉）陶潛撰 （明）何孟春注 明嘉靖六年（1527）羅輅刻本

匡高19.7厘米，廣13.6厘米。半葉十行，行二十字，小字雙行同，白口，四周單邊。徐爆跋。廈門大學圖書館藏。

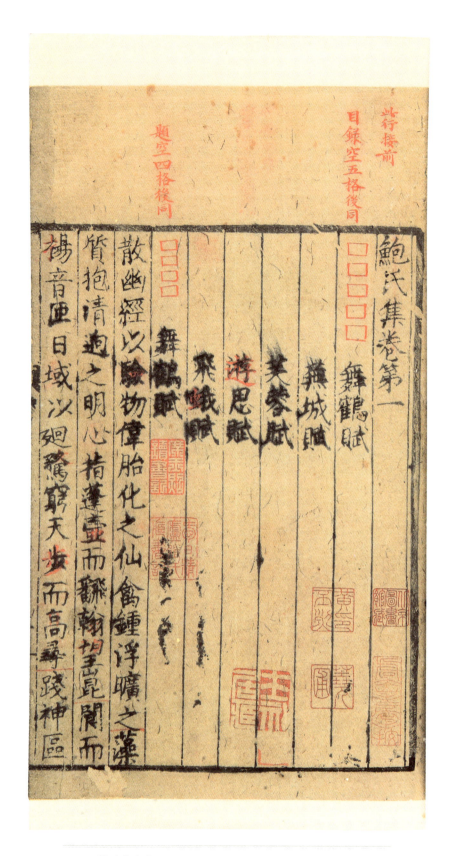

08679 鮑氏集十卷 （南朝宋）鮑照撰　明正德五年（1510）朱應登刻本

匡高19.4厘米，廣14.3厘米。半葉十行，行十七字，白口，左右雙邊。毛扆
校并跋，繆荃孫跋。國家圖書館藏。

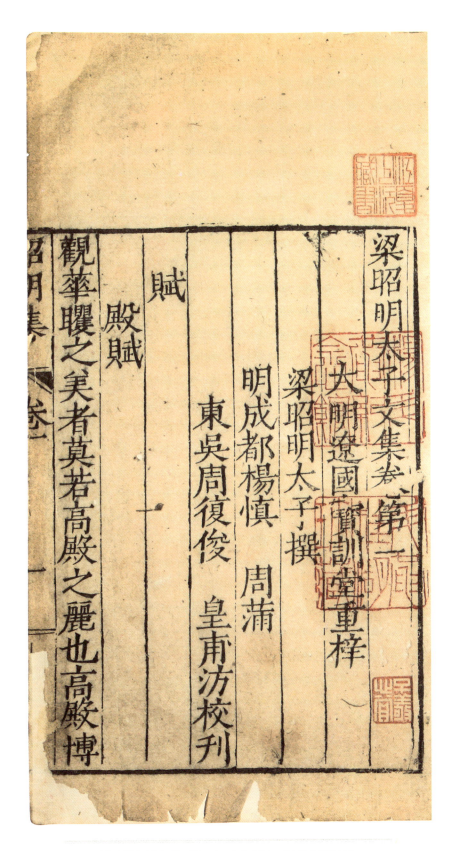

08680 梁昭明太子文集五卷 （梁）蕭統撰　明遼國寶訓堂刻本

匡高18.2厘米，廣13厘米。半葉八行，行十六字，白口，左右雙邊。四川省
新都楊升庵博物館藏。

08681 瘞鶴銘 （梁）華陽真逸撰文 （梁）上皇山樵正書　南朝梁天監十三年（514）刻石　明末水
前拓本

九開。墨本高30厘米，廣14厘米。有"宋氏水坡金石之印"、"瓶齋曾觀"、"多齡審定"、"王濟
印"、"秉文氏"、"巨川"、"白心草堂"、"雷恪恭甫"、"雷恪"、"譚澤闓校訂金石文字"、
"重子金石之記"等印。何紹基、宋小坡題簽。國家圖書館藏。

徐孝穆集

陳剡人徐陵孝穆著

樂府

驄馬驅

白馬號龍駒彫鞍石鋑渠諸兄二十石小婦字羅敷
倚端輕掃史召募擊休脣塞外多風雪城中絕詔書
空憶長揪下連躞復連踊

中婦織流黃

□心還井上春机當戶前帶衫行障口覓釧挑櫃邊

乙巳仲冬購得瀋通畢亂三要遠書書數種孝
穆年真二十時距貿復未遑有也可勝浩歎
此書以舊抄物助之宜取利本校勘

星儉撰客先生手記晚年手筆也
未入殿鈔記

四元農孝刻下编刻孝未見
百三秦字孝

甲戌二月借校一過皇太子臨辟雍頌補文字一行此卷本
皆脫冕床尒未言及也可云秘籍矣 藏園附記

08682　徐孝穆集七卷　（陳）徐陵撰　明文漪堂抄本

匡高22.1厘米，廣15.4厘米。半葉九行，行二十字，藍格，白口，四周單邊。吳騫、唐翰題、傅增湘跋。國家圖書館藏。

子昂集卷之一

門人黃姬水劉鳳同校

明都御史王　廷校刻

詩賦

　塵尾賦并序

甲申歲天子在洛陽余始解褐中麟臺正字太子司

真宗泰客置酒金谷亭大集賓客酒酬共賦座上食

物命余爲塵尾賦焉

天之浩浩兮物亦云云性命變化兮如絲之棼或以神

好正直天盖默默或以道惡疆梁天亦茫茫此先都之

靈獸固何負而雁殊始居幽山之藪食乎豐草之鄉不

08683　子昂集十卷　（唐）陳子昂撰　明嘉靖四十四年（1565）王廷刻本

匡高18.4厘米，廣14厘米。半葉十一行，行二十一字，白口，左右雙邊。黃

丕烈校并跋。國家圖書館藏。

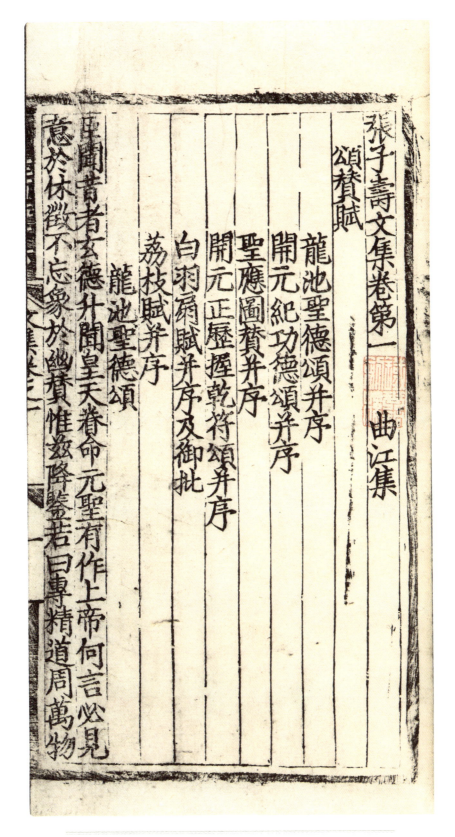

08684 張子壽文集二十卷 （唐）張九齡撰　明成化九年（1473）蘇韡

刻本

匡高21.6厘米，廣12.6厘米。半葉十一行，行二十二字，黑口，四周雙邊。

國家圖書館藏。

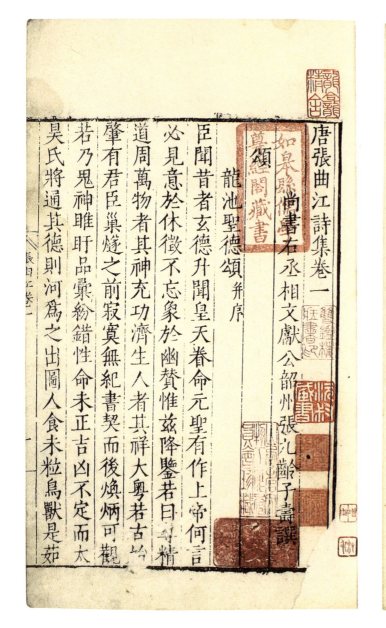

明本張曲江詩集跋

總尚書右丞相文獻公韶州張九齡子壽譔明嘉靖刊本半葉

十行行二十字白口左右雙闌分卷爲二卷一頌賛賦四言詩

五古卷二五絶五律七律五排雜言

按曲江集二十卷唐宋藝文志均載之明成化時邱瓊山始浚

館閣鈔出付韶州太守蕰輝刻之嘉靖十五年湛若水又以韶

本翻刻於薇摩此二卷本祇載韻文及詩與張説之集同刻號

二張集前後無序跋不審爲何人所彙梓也卷首鈐如皋縣儒

學尊經閣藏書朱文木記

辛巳十月下澣藏園老人識於企驥軒

08685 張曲江詩集二卷 （唐）張九齡撰 明嘉靖刻本

匡高19.6厘米，廣14厘米。半葉十行，行二十字，白口，左右雙邊。有"如
皋縣儒學尊經閣藏書"等印。傅增湘跋。山西博物院藏。

王摩詰詩集卷之一

附姑蘇顧璘評

唐　藍田王維　撰

宋　廬陵劉辰翁　評

五言古詩 四言附

藍田山石門精舍

落日山水好漾舟信歸風玩奇不覺遠因以緣源

窮遙愛雲木秀初疑路不同安知清流轉偶與前 一作言

山通捨舟理輕策果然愜所適老僧四五人逍遙

峽景自常有
之其詩亦若
無意故是雋
趣

王摩詰詩卷一

一

08686、08687 **王摩詰詩集七卷** （唐）王維撰 （宋）劉辰翁評　明凌

濛初刻朱墨套印本

匡高20.5厘米，廣14.9厘米。半葉八行，行十九字，白口，左右雙邊。故宮

博物院、河南省圖書館藏。

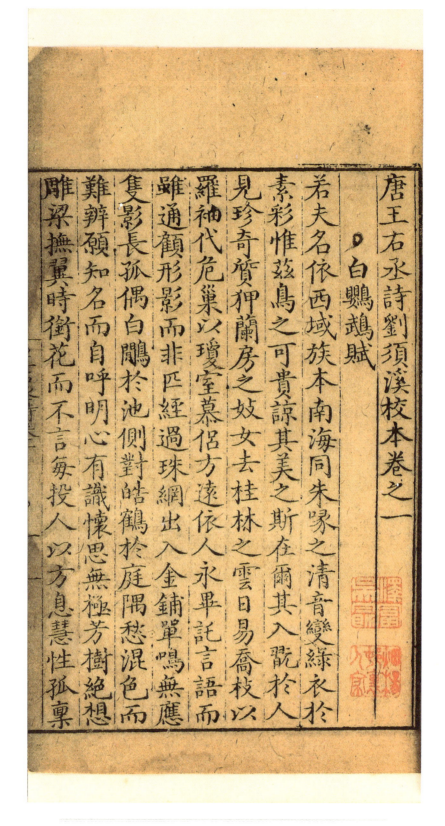

08688 **唐王右丞詩劉須溪校本六卷** （唐）王維撰 （宋）劉辰翁評 **附**

錄一卷 明弘治十七年（1504）呂夔刻本

匡高20.2厘米，廣14.5厘米。半葉十行，行二十字，白口，左右雙邊。雲南大學圖書館藏。

類箋唐王右丞詩集卷之一

唐　藍田　王　維　譔

宋　廬陵　劉辰翁　評

明　勾吳　顧起經　註

五言古詩

四時

早春行

紫梅發初遍黃鳥歌猶澀誰家折楊女弄春如

不及愛水看糚坐羞人映花立香畏風吹散衣

奇字齋

王集卷一

吳應龍書

08689-08693 類箋唐王右丞詩集十卷 （唐）王維撰 （明）顧起經注　文集四卷集外編一卷 （唐）王維撰 （明）顧起經

輯　年譜一卷 （明）顧起經撰　唐諸家同咏集一卷 贈題集一卷 歷朝諸家評王右丞詩畫鈔一卷 （明）顧起經輯　明嘉

靖三十五年（1556）顧氏奇字齋刻本

匡高20.5厘米，廣15.2厘米。半葉九行，行十八字，小字雙行同，白口，左右雙邊。南京大學圖書館、黑龍江大學圖書館、浙江

大學圖書館、重慶圖書館、四川省圖書館藏。

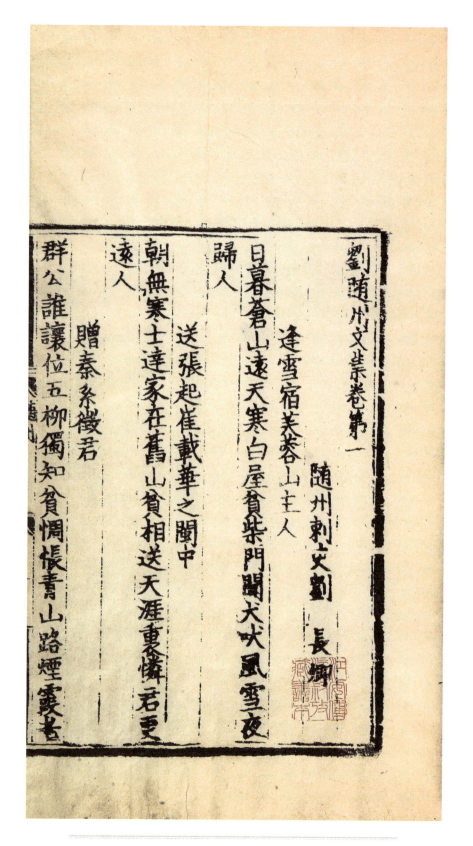

08694 劉隨州文集十一卷外集一卷 （唐）劉長卿撰　明弘治十一年
（1498）韓明、李紀刻本
匡高18.1厘米，廣12.6厘米。半葉十行，行十八字，黑口，四周雙邊。國家
圖書館藏。

孟浩然詩集卷之上

唐　襄陽孟浩然　撰

宋　盧陵劉辰翁　評

明　北地李夢陽　參

五言古詩

宿業師山房待丁公不至

夕陽度西嶺　羣壑倏已暝　松月生夜涼　風泉滿清
聽　樵人歸欲盡　煙鳥棲初定　之子期宿來　孤琴候

孟浩然卷上

一

08695、08696　**孟浩然詩集二卷**　（唐）孟浩然撰　（宋）劉辰翁　（明）李
夢陽評　明凌濛初刻朱墨套印本
匡高20.1厘米，廣14.6厘米。半葉八行，行十九字，白口，左右雙邊。蘇州
圖書館、東北師範大學圖書館藏。

李翰林集卷第一

翰林供奉李白

古賦

大鵬賦

擬恨賦

惜餘春賦

愁陽春賦

悲清秋賦

劍閣賦

明堂賦

08697 李翰林集十卷 （唐）李白撰　明正德十四年（1519）陸元大刻本
匡高17.8厘米，廣12.9厘米。半葉十行，行十八字，白口，左右雙邊。何焞
校并跋。國家圖書館藏。

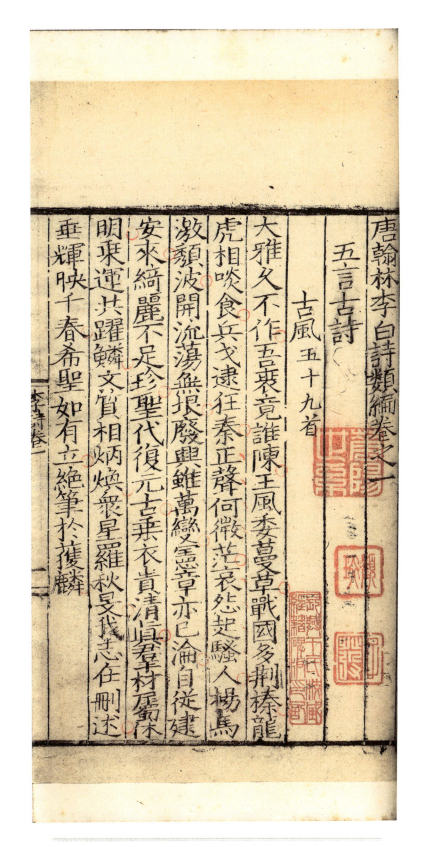

08698 唐翰林李白詩類編十二卷　（唐）李白撰　明刻本

匡高19.2厘米，廣14.2厘米。半葉九行，行二十一字，小字雙行同，白口，
左右雙邊。有"長興王氏校藏經籍碑版印記"等印。無錫市圖書館藏。

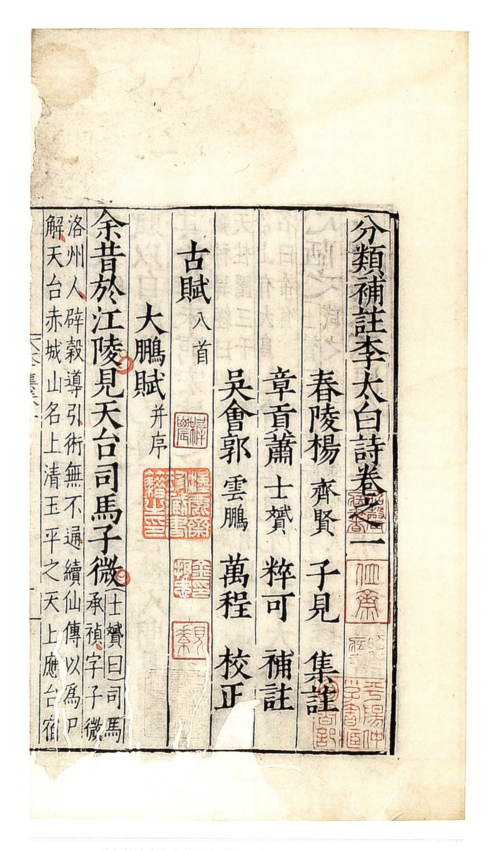

08699-08701 分類補註李太白詩二十五卷 〔唐〕李白撰 〔宋〕楊齊賢集注 〔元〕蕭士贇補

注 分類編次李太白文五卷 〔唐〕李白撰 明嘉靖二十二年（1543）郭雲鵬寶善堂刻本

匡高20.1厘米，廣13.3厘米。半葉八行，行十七字，小字雙行同，白口，左右雙邊。有"嘉靖癸卯春

元月寶善堂梓行"牌記。天津圖書館、吉林大學圖書館、重慶市北碚圖書館藏。

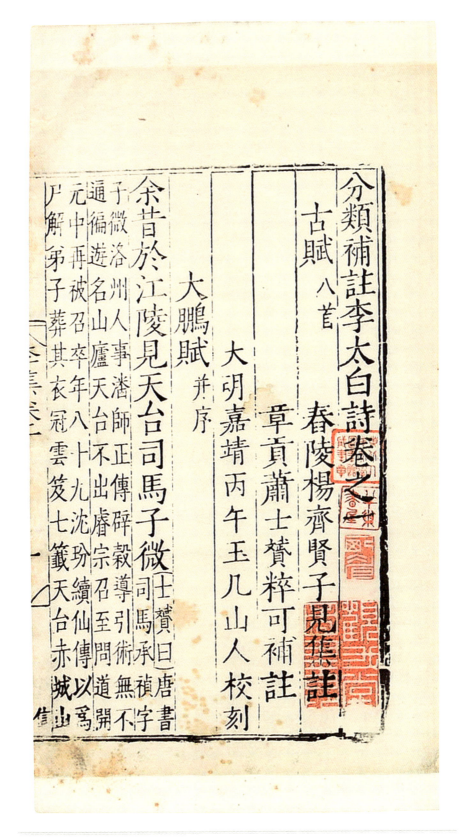

08702　分類補註李太白詩二十五卷　（唐）李白撰　（宋）楊齊賢集注　（元）蕭士贇補注　**年譜一卷**　（宋）薛仲邕撰　明嘉靖二十五年（1546）玉几山人刻本

匡高22厘米，廣14.2厘米。半葉八行，行十七字，小字雙行同，白口，四周雙邊。李鴻裔跋。吉林大學圖書館藏。

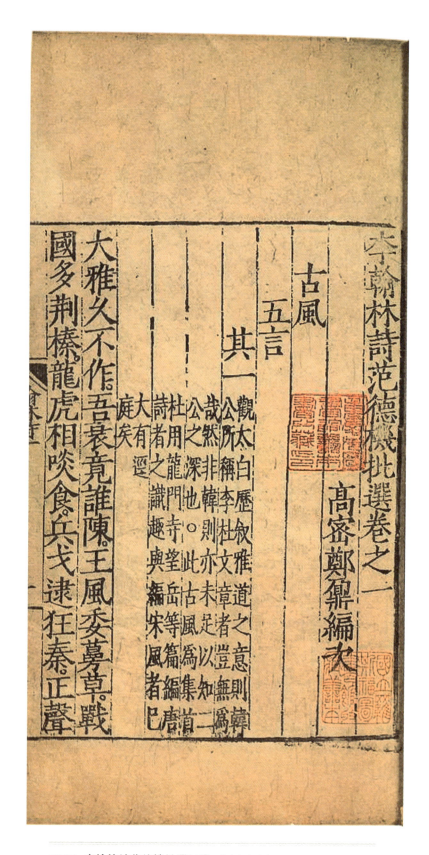

08703 李翰林詩范德機批選四卷 〔唐〕李白撰 〔元〕范梈批點 〔明〕

鄭蕭輯 明嘉靖鄭蕭刻本

匡高17.2厘米，廣13.2厘米。半葉十行，行十六字，小字雙行同，白口，四

周單邊。重慶圖書館藏。

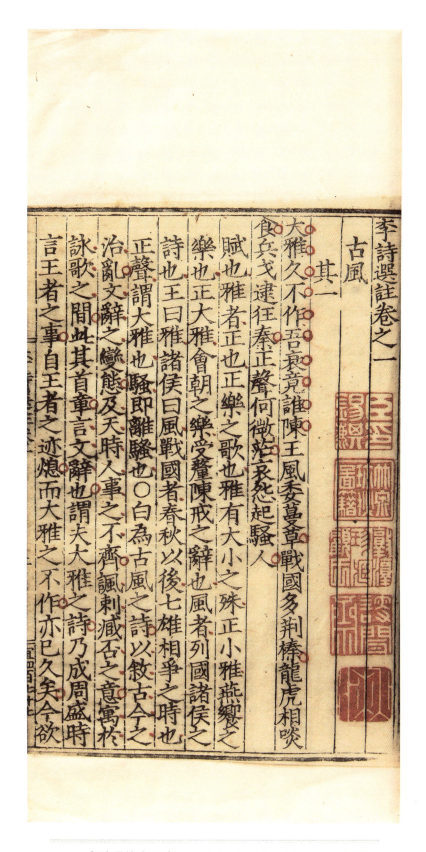

08704 李詩選註十三卷 （唐）李白撰 （明）朱諫輯并注 **辯疑二**

卷 （明）朱諫撰 明隆慶六年（1572）朱守行刻本

匡高19.7厘米，廣13.5厘米。半葉十二行，行二十四字，白口，四周雙邊。

黑龍江省圖書館藏，存十一卷。

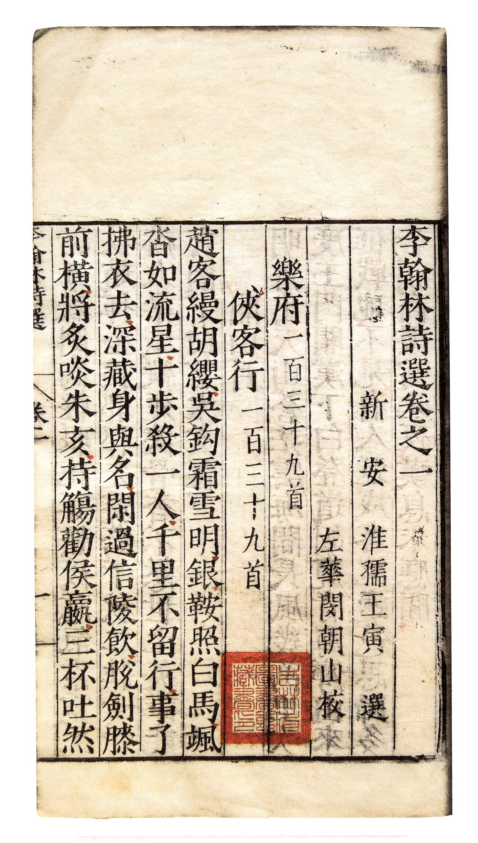

08705 李翰林詩選五卷 （唐）李白撰 （明）王寅輯 明嘉靖二十四年
（1545）閔朝山刻本
匡高17.8厘米，廣13厘米。半葉九行，行十六字，白口，左右雙邊。吉林省
圖書館藏。

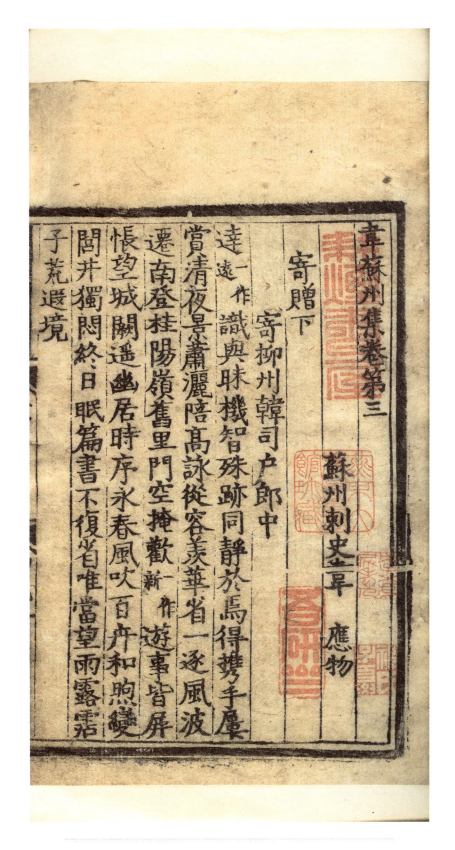

韋蘇州集卷第三

蘇州刺史韋 應物

寄贈下

寄柳州韓司户郎中

達一作識與昧機智殊跡同靜於焉得攜手屢

賞清夜景蕭灑陰高詠從容羨華省一逐風波

遷南登桂陽嶺舊里門空掩歡新一作遊事皆屏

悵望城關遥居時序永春風吹百卉和煦變

閔井獨悶終日眠篇書不復省唯當堂雨露霑

子荒遐境

08706-08708 韋蘇州集十卷拾遺一卷 （唐）韋應物撰　明弘治九年

（1496）李瀚、劉玘刻本

匡高18.9厘米，廣13.1厘米。半葉十行，行十八字，黑口，四周雙邊。天津
圖書館藏；北京大學圖書館藏，卷前序、目録及卷一部分抄配；北京大學圖
書館藏另一部，爲明修本。

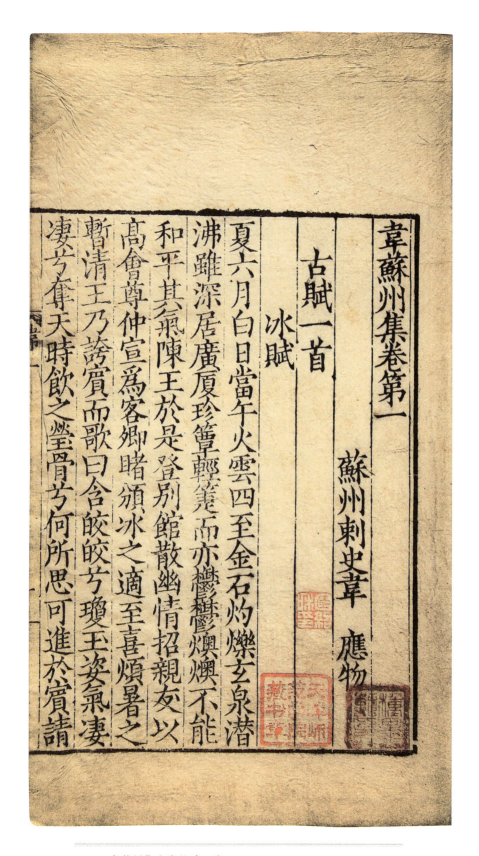

08709 韋蘇州集十卷拾遺一卷 〔唐〕韋應物撰 明刻本

匡高17.2厘米，廣12.7厘米。半葉十行，行十八字，白口， 左右雙邊。有
"臣紹和印"、"曾在周叔弢處"等印。天津師範大學圖書館藏。

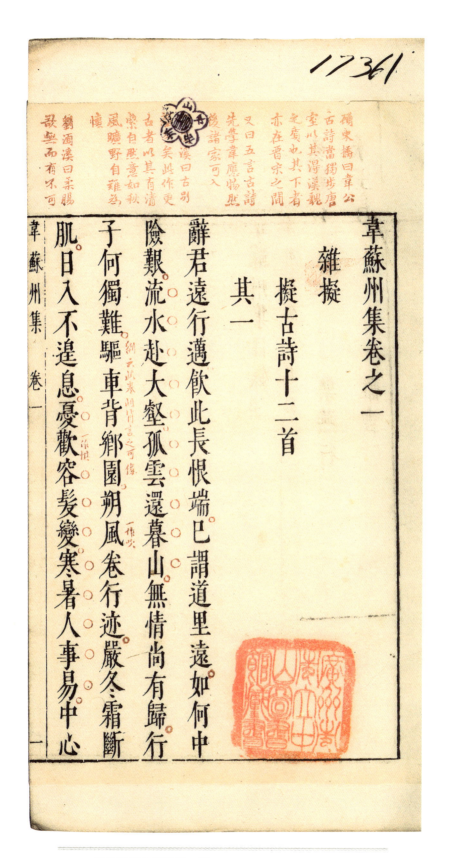

08710 韋蘇州集十卷拾遺一卷 （唐）韋應物撰 明刻朱墨套印本

匡高21.2厘米，廣14.7厘米。半葉八行，行十八字，白口，四周單邊。廣東省立中山圖書館藏。

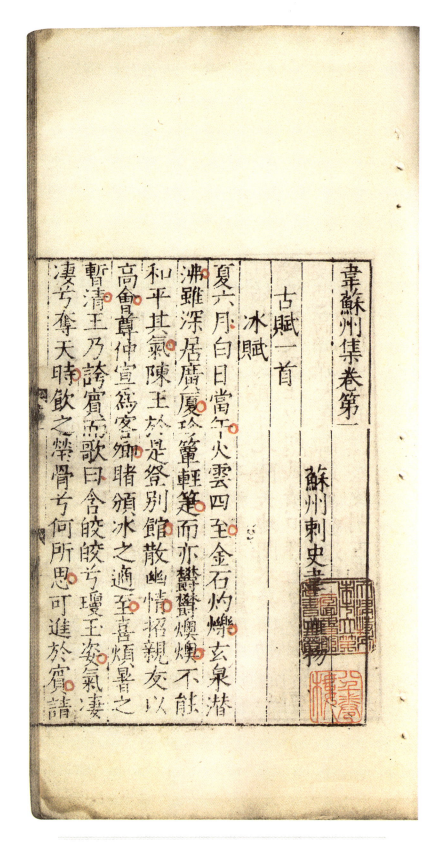

08711 韋蘇州集十卷拾遺一卷 （唐）韋應物撰　明刻本

匡高17.5厘米，廣12.4厘米。半葉十行，行十八字，白口，四周單邊。有
"八千卷樓"等印。天津圖書館藏。

韋刺史詩集卷第一

唐江州刺史韋應物著明尚書戶部郎華雲校

古賦一首

冰賦

夏六月白日當午火雲四至金石灼爍玄泉潛沸雖深

居廣廈珍簟輕箑而亦鬱鬱輿燠不能和平其氣陳王

於是登別館散幽情招親友以高會尊仲宣爲客卿睹

頒冰之適至喜煩暑之暫清王乃誇賓而歌曰含皎皎

兮瓊玉姿氣凄凄兮奪天時飲之瑩骨兮何所思可進

於賓請客卿爲寡人美而賦之客諾曰美則美矣而大

王不識其短夫謂之瓊玉竊名器也氣奪天時干陰陽

韋江州集 卷一 太華書院

08712、08713 韋刺史詩集十卷 （唐）韋應物撰 **附録一卷** 明嘉靖

二十七年（1548）華雲太華書院刻本

匡高19厘米，廣14.1厘米。半葉十一行，行二十一字，小字雙行同，白口，

左右雙邊。重慶圖書館、蘇州圖書館藏。

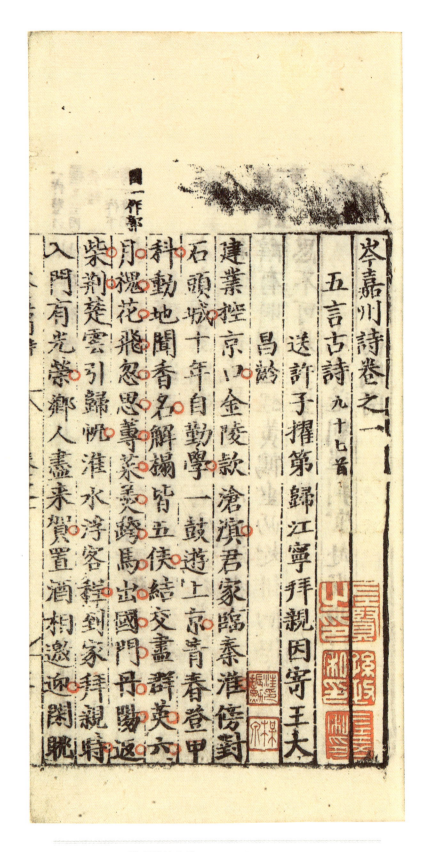

08714、08715 岑嘉州詩七卷 〔唐〕岑參撰　明正德十五年（1520）熊
相、高嶼刻本

匡高16.2厘米，廣11.2厘米。半葉十行，行十七字，白口，四周單邊。國家
圖書館藏，王振聲校并跋；山西博物院藏，卷一至二傅氏抄配，傅增湘跋。

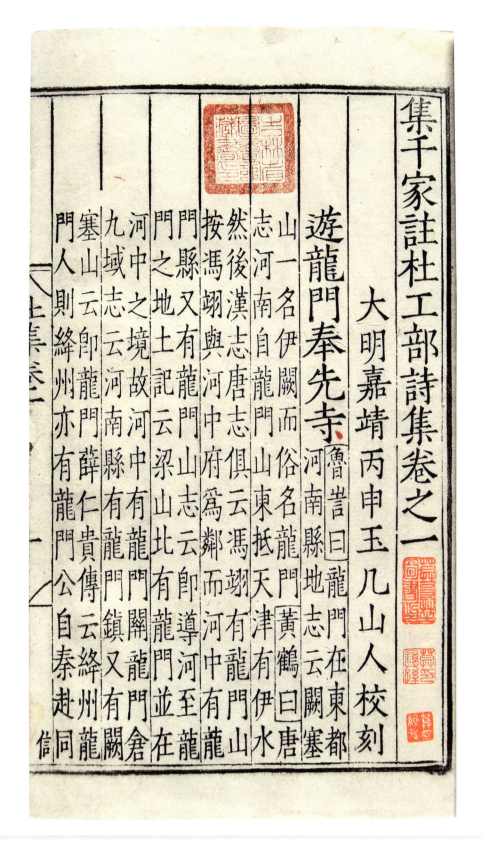

集千家註杜工部詩集卷之一

大明嘉靖丙申玉几山人校刻

遊龍門奉先寺

〔魯訔曰〕龍門在東都河南縣地志云闕塞

〔黃鶴曰〕唐山一名伊闕而俗名龍門山東抵天津有伊水

志河南自龍門山東馮翊有龍門

然後漢志唐志府俱爲鄰而河中府有龍門

按馮翊與河中並在龍門

門縣之地土記云山北有龍

門之地又有龍門山志云郇導河至龍

河中之境故河南縣有龍門鎮又有龍門倉

九域志云河南縣有龍門關又有龍門關

塞山云郇龍門薛仁貴傳云絳州龍

門人則絳州亦有龍門公自泰赴同

08716-08724　集千家註杜工部詩集二十卷文集二卷　（唐）杜甫撰　（宋）黃鶴補注　**附録一卷**　明嘉靖十五年

（1536）玉几山人刻本

匡高22.3厘米，廣14.3厘米。半葉八行，行十七字，小字雙行同，白口，四周雙邊。南京圖書館藏；吉林省圖書館、哈爾濱市圖書館

藏，無附録一卷；山西大學圖書館藏，無附録一卷，存十七卷；吉林大學圖書館藏，爲明易山人印本，秦芝清跋；青島市博物館、成

都杜甫草堂博物館、中國中醫科學院圖書館藏，爲明易山人印本；重慶圖書館藏，爲明易山人印本，無文集二卷附録一卷。

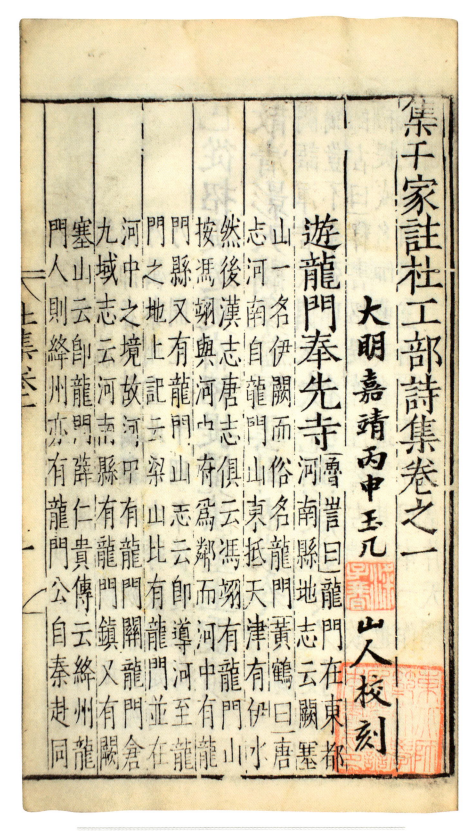

08725 集千家註杜工部詩集二十卷文集二卷 （唐）杜甫撰 （宋）黄鶴補注 **附錄一卷** 明刻本

匡高21.9厘米，廣14.2厘米。半葉八行，行十七字，小字雙行同，白口，左右雙邊。有"杭邵章伯裘收藏書籍記"等印。東北師範大學圖書館藏。

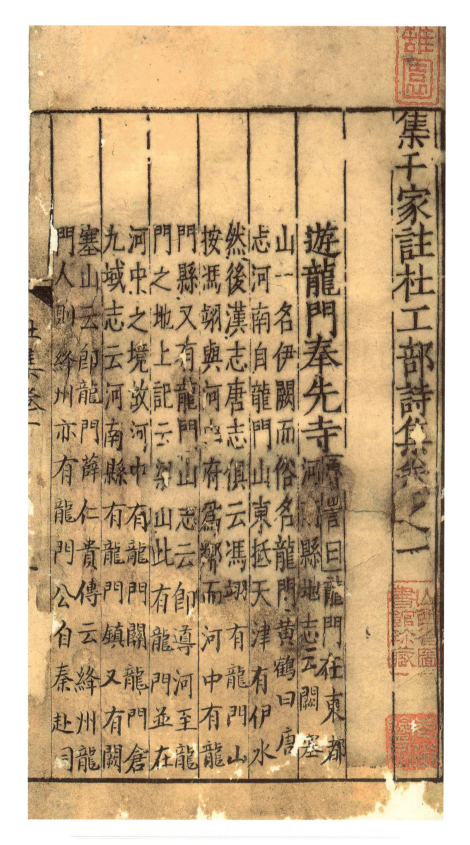

08726　集千家註杜工部詩集二十卷　（唐）杜甫撰　（宋）黃鶴補注　明

刻本

匡高22.4厘米，廣13.8厘米。半葉八行，行十七字，小字雙行同，白口，左

右雙邊間四周雙邊。山西省圖書館藏。

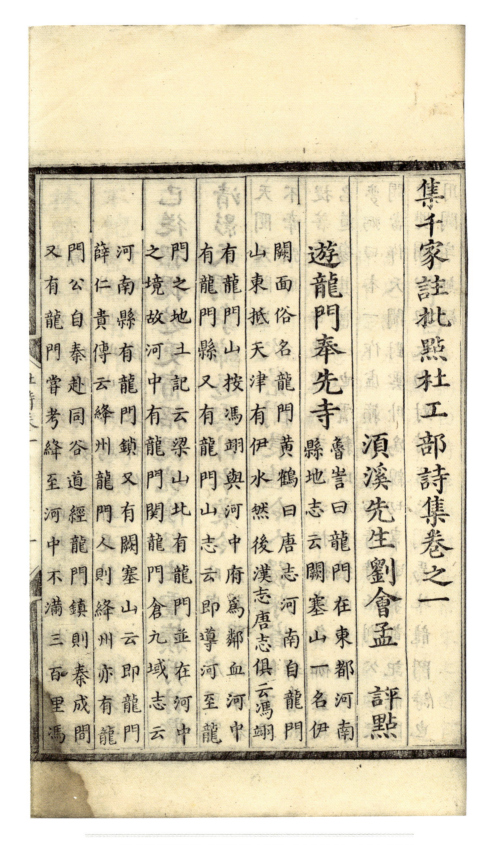

集千家註批點杜工部詩集卷之一

須溪先生劉會孟 評點

遊龍門奉先寺

魯岇曰龍門在東都河南關塞山一名伊闕面俗名龍門黃鶴曰唐志河南自龍門山東抵天津有伊水然後漢志唐志俱云馮翊山按馮翊與河中府爲鄰血河中即導河至龍門並在河中有龍門山云即龍門之地土記云梁山北有關塞山云即龍門又有龍門倉九域志云之境故河中有龍門關龍門人則絳州亦有龍河南縣有龍門鎮又有龍門人則絳州龍薛仁貴傳云絳州龍門當考絳至河中不滿三百里馮門公自秦赴同谷道經龍門鎮則秦成間又有龍門

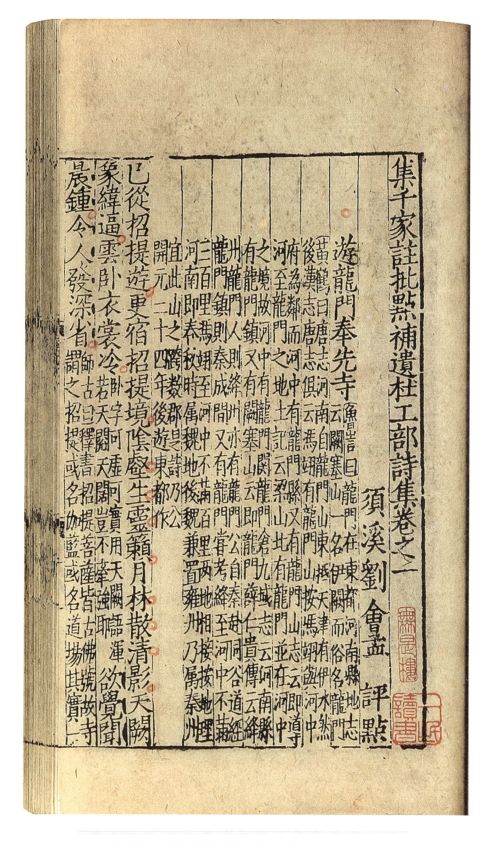

08728 集千家註批點補遺杜工部詩集二十卷 〔唐〕杜甫撰 〔宋〕黃
鶴補注 〔宋〕劉辰翁批點 **附録一卷** 明嘉靖九年（1530）王九之刻本
匡高19.8厘米，廣12.9厘米。半葉十二行，行二十三字，小字雙行同，白
口，四周單邊間左右雙邊。李一氓跋。成都杜甫草堂博物館藏。

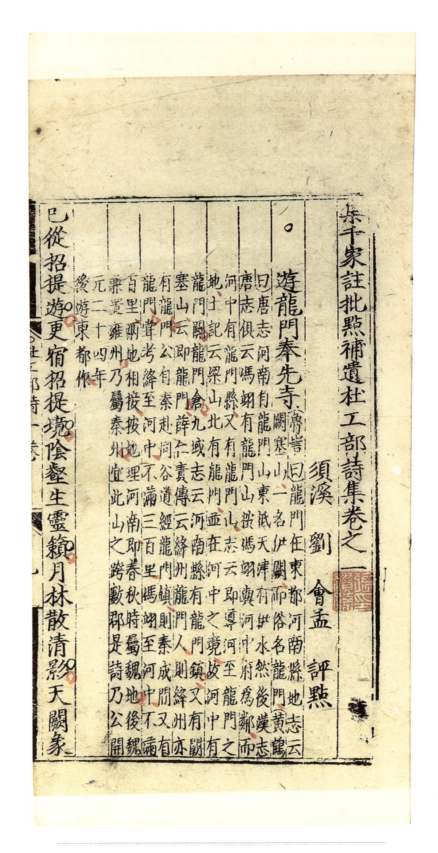

08729 集千家註批點補遺杜工部詩集二十卷 （唐）杜甫撰 （宋）黃鶴補注 （宋）劉辰翁批點 **年譜一卷附錄一卷** 明刻本

匡高19.3厘米，廣12厘米。半葉十行，行二十三字，小字雙行同，黑口，四周雙邊。成都杜甫草堂博物館藏。

九家集注杜詩卷一

唐　杜甫　撰

宋　郭知達　編注

古詩

奉贈韋左丞丈二十二韻 注鮑文虎云韋濟韋嗣立子天寶中授尚書左

丞史有傳附嗣立後

紈袴不餓死 見寔呢殿上方鄉學鄭寬中張禹朝夕入

說尚書論語於金華殿中詔伯受焉數年金華之業絕

出與王許子弟爲墊在於綺襦執紈袴之間非其好也晉

綾也並貴戚子弟之服朱買臣妻日如公等終餓死於

灼曰白綺紈素今之細

潘中耳趙云梁任昉奏彈劉整云丹墀步紈袴之童東

紈袴晉束皙云以前代外戚仕因白巔之叟莊

08730　九家集注杜詩三十六卷　〔唐〕杜甫撰　清乾隆武英殿刻本

匡高17.4厘米，廣12.2厘米。半葉九行，行二十一字，小字雙行同，白口，
四周雙邊。遼寧省圖書館藏。

杜子美七言律

奉和賈至舍人早朝大明宮舍人先世掌

絲綸

五夜漏聲催曉箭九重春色醉僊桃旌旗日暖

龍蛇動宮殿風微燕雀高朝罷香煙攜滿袖詩

成珠玉在揮毫欲知世掌絲綸美池上于今有

鳳毛

題張氏隱居

壯麗自足著
非徽李清灑
不免凝肥矣
謾裘此篆

08731 杜子美七言律不分卷 （唐）杜甫撰 （明）郭正域批點 明閔齊
伋刻三色套印本
匡高20.6厘米，廣15.4厘米。半葉八行，行十八字，白口，左右雙邊。湖南
圖書館藏。

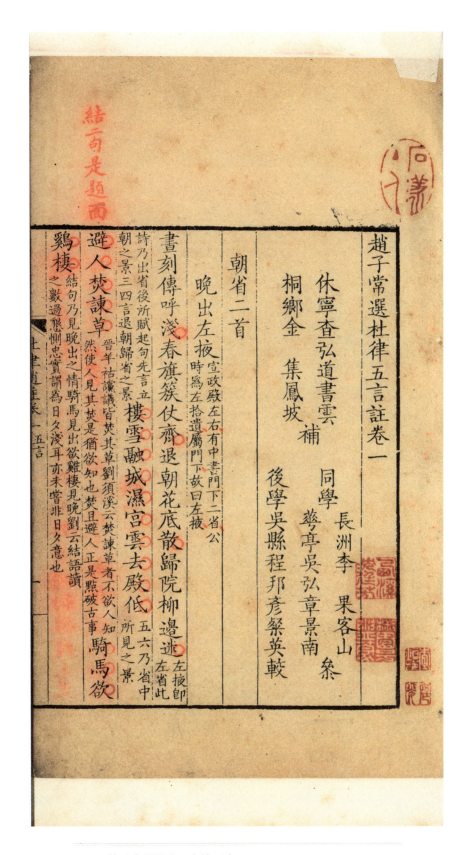

08732 趙子常選杜律五言註三卷 （唐）杜甫撰 （元）趙汸注 清初刻本

匡高17.8厘米，廣13.9厘米。半葉十行，行二十二字，白口，四周單邊。查慎行批校并跋。山東省博物館藏。

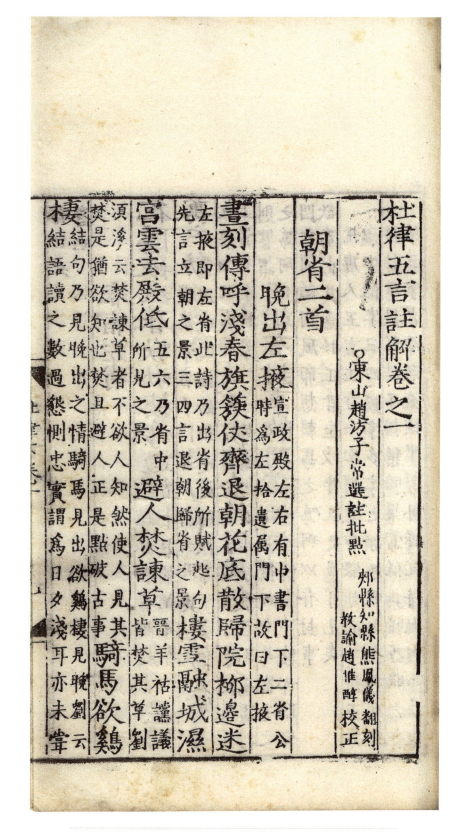

08733 杜律二註四卷 明嘉靖二十六年（1547）郟縣退省堂刻本

匡高20.5厘米，廣14厘米。半葉九行，行二十字，小字雙行同，白口，四周
單邊。有"嘉靖丁未秋九月刻于郟縣之退省堂"牌記。天津圖書館藏。

起便不尋常

東坡云北征詩識

君臣之父體忠

義之氣与秋色

当、高可貴也

杜少陵詩卷一

五言古詩

北征

皇帝二載秋閏八月初吉杜子將北征蒼茫問家室

維時遭艱虞朝野少暇日顧慙恩私被詔許歸蓬蓽

拜辭詣闕下怵惕久未出雖乏諫諍姿恐君有遺失

君誠中興主經緯固密勿東胡反未已臣甫憤所切

揮涕戀行在道途猶恍惚乾坤含瘡痍憂虞何時畢

靡靡踰阡陌人煙眇蕭瑟所遇多被傷呻吟更流血

回首鳳翔縣旌旗晚明滅前登寒山重屢得飲馬窟

08734 杜少陵集十卷 （唐）杜甫撰 明正德刻本

匡高22.2厘米，廣15.3厘米。半葉十行，行二十字，白口，四周單邊。成都杜甫草堂博物館藏。

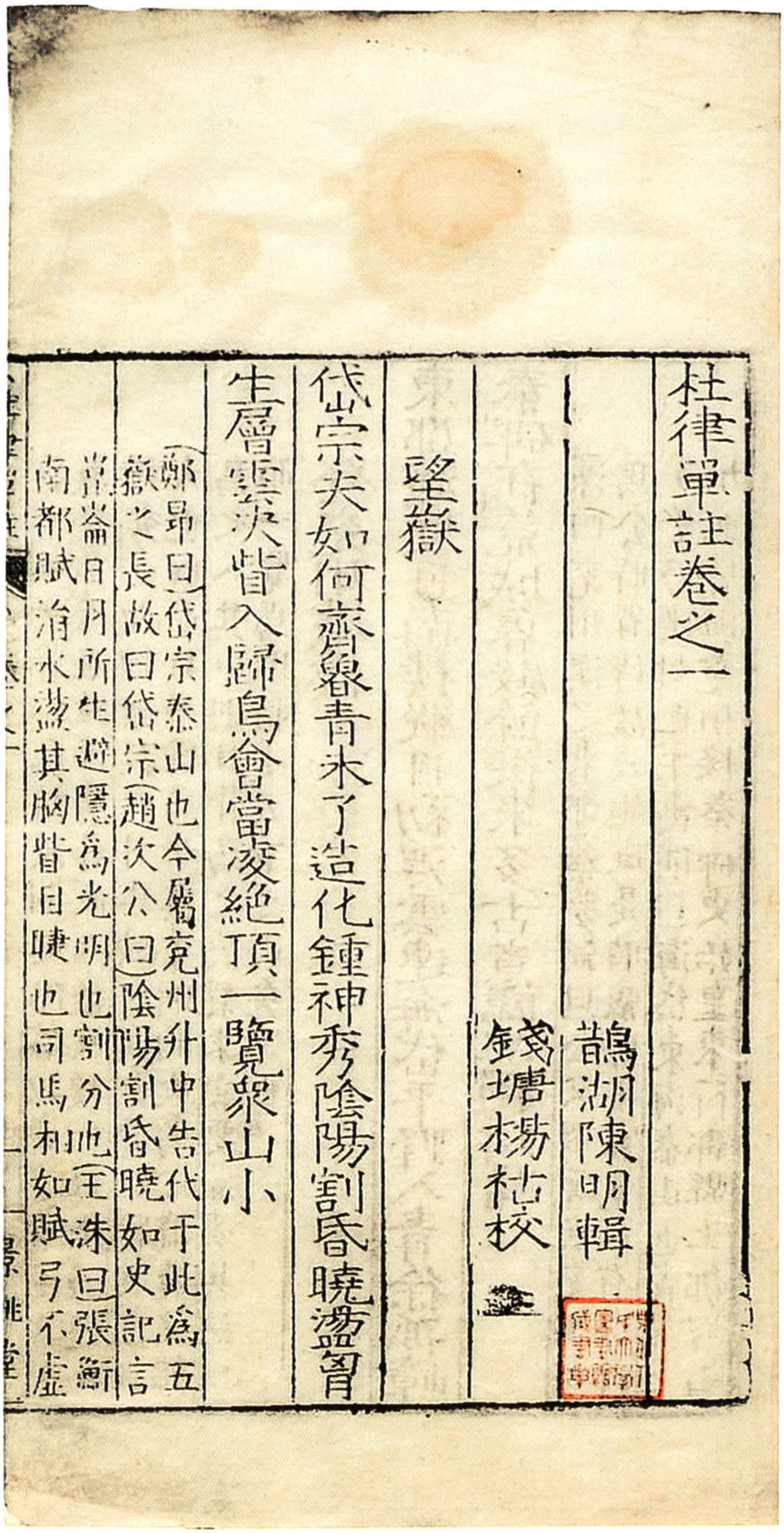
杜律單註卷之一
鵠湖陳明輯
錢塘楊祐校
望嶽
岱宗夫如何齊魯青未了造化鍾神秀陰陽割昏曉盪胷
生層雲決眥入歸鳥會當凌絕頂一覽衆山小
(鄭昂曰)岱宗泰山也今屬兗州升中告代于此爲五
嶽之長故曰岱宗(趙次公曰)陰陽割昏曉如史記言
崑崙日月所相避隱爲光明也割分也(王洙曰)張衡
南都賦淯水盪其胸背目睫也司馬相如賦弓不虛

08735 杜律單註十卷 （明）單復撰 （明）陳明輯 明嘉靖景姚堂刻本

匡高21厘米，廣14.5厘米。半葉八行，行二十二字，小字雙行同，白口，四周單邊。吉林大學圖書館藏。

杜工部詩通卷之一

開元天寶年間所作

觀杜詩固必先考編年據事求情而後其意

可見然編年非公自訂不過後人因詩意而

附之耳夫史傳編年已有失其真而不可盡

信者又況數百年之後徒因詩意以求合史

傳之年耶若北征發秦州同谷等篇及公自

註年月卓有明據固無可疑其餘諸篇時之

高郵 張綖

男守中校刊

杜詩通 卷一

瑞安許綸刊

08736 杜工部詩通十六卷 （明）張綖撰　明隆慶六年（1572）張守中
刻本

匡高20.5厘米，廣14.3厘米。半葉十行，行二十二字，白口，四周單邊。國
家圖書館藏。

此詩前賢録爲
壓卷此布置最
得體
突兀三巘一胅
皮年縣怕況信
口街凡

杜工部集卷一

古詩五十五首 天寶未亂時
并陷賊中作

奉贈韋左丞丈二十二韻

紈袴不餓死儒冠多誤身丈人試靜聽賤子請具陳

甫昔少 妙一作 年日早充觀國賓讀書破萬卷下筆如

有神賦料揚雄敵詩看子建親李邕求識面王翰願

卜 作爲陳 鄰自謂頗挺出 一作 立登要路津致君堯舜
卜作爲生

上再使風俗淳此意竟蕭條行歌非隱淪騎驢三十

工集卷一

一

紅藍二藘寸藘之

08737 杜工部集二十卷首一卷 （唐）杜甫撰 （明）王世貞等評 （清）

盧坤輯 清道光十四年（1834）芸葉盦六色套印本

匡高18.2厘米，廣13.5厘米。半葉八行，行二十字，小字雙行同，黑口，左
右雙邊。重慶市北碚圖書館藏，存十九卷。

丹陽進士詩集

丹陽　殷璠

七言律詩三十五首

和趙相公登鸛雀樓

危樓高架沈寥天上相開登立綵旄樹色到京
三百里河流歸漢幾千年晴峯聳白當周道秋
穀垂花滿舜田雲路何人見高志最看西面赤
欄前

到京四首

龍虎山河御氣通遥觀帝闕五雲紅英雄盡入

08738　丹陽進士詩集一卷　（唐）殷璠撰　清抄本

半葉十行，行十八字。羅振常校。鎮江市圖書館藏。

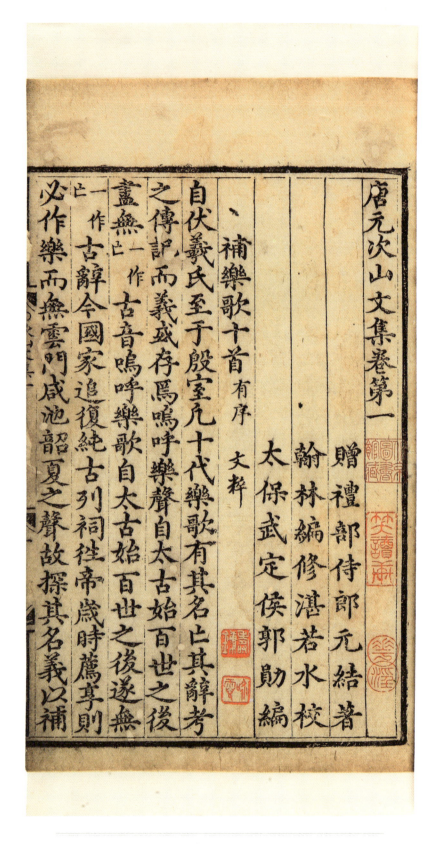

08739 唐元次山文集十卷拾遺一卷 （唐）元結撰　明正德十二年（1517）
郭勛刻本
匡高20.5厘米，廣13.8厘米。半葉十行，行二十字，黑口，四周雙邊。國家
圖書館藏。

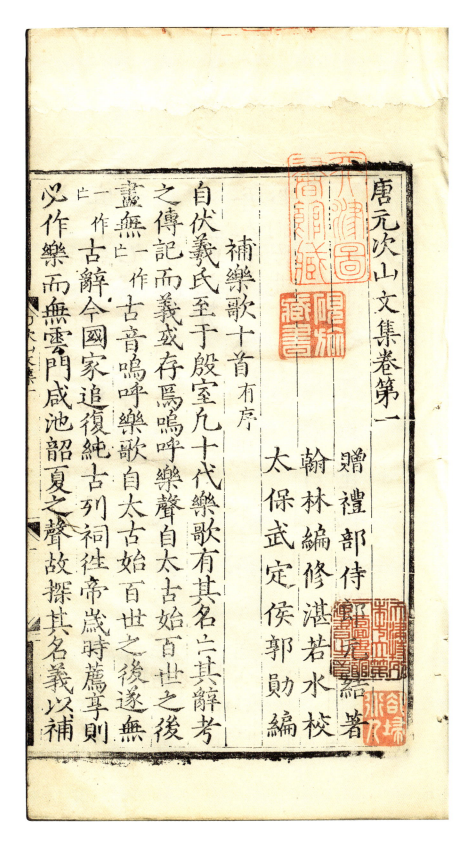

唐元次山文集卷第一

贈禮部侍□元結著

翰林編修湛若水校

太保武定侯郭勛編

補樂歌十首有序

自伏羲氏至于殷室凡十代樂歌有其名凸其辭考
之傳記而羲或存焉嗚呼樂聲自太古始百世之後
盡無一作古音嗚呼樂歌自太古始百世之後遂無
凸一作古辭今國家追復純古列祠往帝歲時薦享則
必作樂而無雲門咸池韶夏之聲故採其名義以補

08740 唐元次山文集十卷拾遺一卷 （唐）元結撰　明嘉靖刻萬曆十一
年（1583）夏鐙重修本
匡高20.7厘米，廣13.8厘米。半葉十行，行二十字，黑口，四周雙邊。天津
圖書館藏。

畫上人集卷第一

吳興　釋皎然

五言奉酬于中丞使君郡齋卧病見示一
首

宿昔祖師教了空無不可枯槁未必身理寄
行坐仁公施春令和風來澤我生成一草木大
道無負荷論入空王室明月開心曾性起妙不
染心行宛無蹤若非禪中侶君爲雷次宗比聞
朝端名今貽郡齋作真思凝瑤瑟高情屬雲鶴
抉得驪龍珠光彩曜掌握若作詩中友君爲謝

08741 畫上人集十卷　（唐）釋皎然撰　明馮舒家抄本

匡高15.9厘米，廣13厘米。半葉十行，行十八字，黑口，左右雙邊。馮舒校
并跋。寧波市天一閣博物館藏。

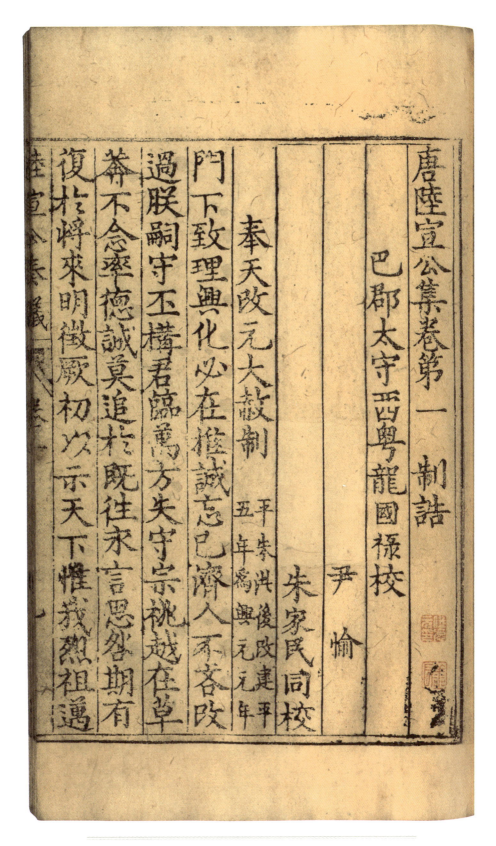

08742 唐陸宣公集二十二卷 （唐）陸贄撰　明刻本

匡高21.9厘米，廣16.2厘米。半葉九行，行十七字，小字雙行同，白口，四周雙邊。有"善長"等印。中共北京市委圖書館藏。

唐陸宣公集卷第一 制誥卷第一 敕宥上

奉天改元大赦制 平朱泚後改建中五年爲興元元年

門下致理興化必在推誠忘己濟人不吝改

過朕嗣守丕構君臨萬方失守宗祧越在草

莽不念率德誠莫追於旣往永言思咎期有

復於將來明徵厥初以示天下惟我烈祖邁

德庇人致俗化於和平拯生靈於塗炭重熙

積慶垂二百年伊爾卿尹庶官洎億兆之衆

代受亭育以迄于今功存于人澤垂于後肆

予小子獲纘鴻業懼德不嗣罔敢怠荒然以

08743 唐陸宣公集二十二卷 〔唐〕陸贄撰 明刻本

匡高22.6厘米，廣16.6厘米。半葉十行，行十七字，白口，左右雙邊。錢廷錦批幷跋。陝西省考古研究院藏。

006301　005071

唐陸宣公集卷第一

後學雙峰年羹堯重訂

金壇王澍纕
太倉張泰基

同校

制誥
上
赦宥

奉天改元大赦制
平朱泚後改建中
五年爲興元元年

門下致理興化必在推誠忘已濟人不吝改過朕嗣

守丕構君臨萬方失守宗祧越在草莽不念率德誠

莫追於既往永言思咎期有復於將來明徵厥初以

示天下惟我烈祖邁德庇人致俗化於和平拯生靈

於塗炭重熙積慶垂二百年伊爾卿尹庶官洎億兆

陸宣公集

卷一

一

08744—08746 唐陸宣公集二十二卷 （唐）陸贄撰　清雍正元年（1723）年羹堯刻本

匡高18.8厘米，廣13.9厘米。半葉十行，行二十字，白口，四周單邊。吉林省社會科學院圖書館藏，有"雍正御覽之寶"等印；中國民族圖書館藏；皖西學院圖書館藏，有"潛莽藏書"、"秦曼青"、"秦更年印"、"嬰闇秦氏藏書"等印。

唐陸宣公制誥卷之一

奉天改元大赦制

門下致理興化必在推誠忘已濟人不吝改過

朕嗣守丕構君臨萬方失守宗祧越在草莽不

念率德誠莫追於既往承言思咎期有復於將

來明徵厥初以示天下惟我烈祖遷德庇人致

俗化於和平拯生靈於塗炭重熙積慶垂二百

年伊爾卿尹庶官泊億兆之眾代受亭育以迄

于今功存于人垂澤于後肆予小子獲纘鴻業

08747 唐陸宣公集二十四卷 （唐）陸贄撰　明嘉靖二十七年（1548）

沈伯咸西清書舍刻本

匡高20.9厘米，廣14.8厘米。半葉九行，行十八字，白口，左右雙邊。浙江省瑞安市文物館藏。

唐李長吉詩集一卷

唐隴西李賀長吉父著

李憑箜篌引

吳絲蜀桐張高秋　空山凝雲頹不流　江娥啼

竹素女愁李憑中國彈箜篌　崑山玉碎鳳凰

叫　芙蓉泣露香蘭笑十二門前融冷光二十

三絲動紫皇　女媧煉石補天處石破天驚逗

秋雨夢入神山教神嫗老魚跳波瘦蛟舞　吳

08748 唐李長吉詩集四卷 （唐）李賀撰　明弘治十五年（1502）劉廷
瓚刻本
匡高21.3厘米，廣14.7厘米。半葉八行，行十七字，白口，四周單邊。國家
圖書館藏。

李長吉歌詩卷之一

唐　隴西李賀　撰

宋　盧陵劉辰翁　評

李憑箜篌引

吳絲蜀桐張高秋　空山凝雲頹不流　江娥啼竹素
女愁李憑中國彈箜篌　崑山玉碎鳳凰叫　芙蓉泣
露香蘭笑　十二門前融冷光　二十三絲動紫皇　女
媧鍊石補天處　石破天驚逗秋雨　夢入神山教神

李長吉卷一

状景如画自
其所長箜篌
聲碎有之崑
山玉頹無謂
下七字妙語
非玉簫不足
以當石破天
驚過于遠景
逼雲之上至

08749、08750 李長吉歌詩四卷外詩集一卷 〔唐〕李賀撰 〔宋〕劉
辰翁評　明凌濛初刻朱墨套印本
匡高20.5厘米，廣14.9厘米。半葉八行，行十九字，白口，左右雙邊。故宮
博物院、河南省圖書館藏。

歐陽行周文集卷之一

賦

出門賦

出門辭家也人有志而斯遑予紛然而遠遊別天性之
至慈去人情之好仇嚴訓誡予以勿久指蒲柳以傷秋
弱室咨子以遄歸目女蘿而起愁心眷眷以纏綿淚浪浪
浪而共流悵懷安以販名曾何可以少留於是驅忠信
以為車執藝業以為贄越三江踰五嶺望堯旌而求試
庶亦呈功取爵建德揚名獲甘旨而報勤光晝錦以迴
衡如孤斯張如鳥斯征射百步而期中飛三年而必鳴

歐陽行周文集目錄總

送陳八赴舉序
餞斐榮和序
二月三日宴僚吏序
送洪孺卿赴舉序

08751 **歐陽行周文集十卷** （唐）歐陽詹撰 明弘治十七年（1504）莊
㮚、吳晟刻公文紙印本
匡高20.8厘米，廣13.6厘米。半葉十行，行二十二字，黑口，四周雙邊。劉
喜海跋。國家圖書館藏。

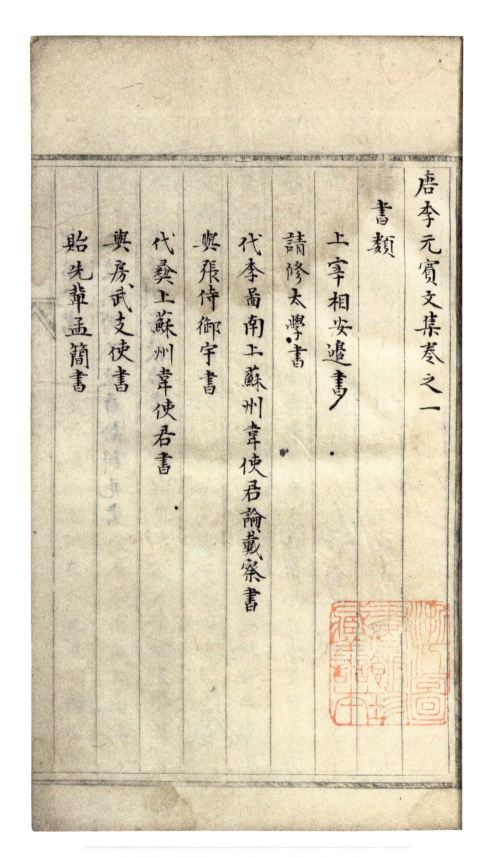

唐李元賓文集卷之一

書顙

上宰相安邊書

請修太學書

代李暠南上蘇州韋使君論戴察書

與張侍御宇書

代發上蘇州韋使君書

與房武支使書

貽先輩孟簡書

08752 唐李元賓文集三卷 〔唐〕李觀撰 **附録一卷** 明抄本

匡高21厘米，廣15厘米。半葉九行，行二十二字，白口，四周雙邊。浙江圖
書館藏。

韓文卷之一

明潮州府知府揭陽何鏜校

賦

感二鳥賦

貞元十一年五月戊辰愈東歸癸酉自潼關出息于河之
陰時始去京師而有不遇時之歎見行有籠白烏白鷳鴝而
西者號於道曰某土之守某官使使者進於天子東
西行者皆避路莫敢正目焉因竊自悲幸生天下無事時
承先人之遺業不識干戈耒耜攻守耕穫之勤讀書著文
自七歲至今凡二十二年其行已不敢有愧於道其閒居
思念前古當今之故亦僅志其一二大者焉選舉於有司

08753 **韓文四十卷外集十卷遺集一卷** 〔唐〕韓愈撰 **集傳一卷** 明嘉
靖四十一年（1562）何鏜刻本
匡高18.5厘米，廣13.1厘米。半葉十一行，行二十二字，白口，左右雙邊。
河北大學圖書館藏。

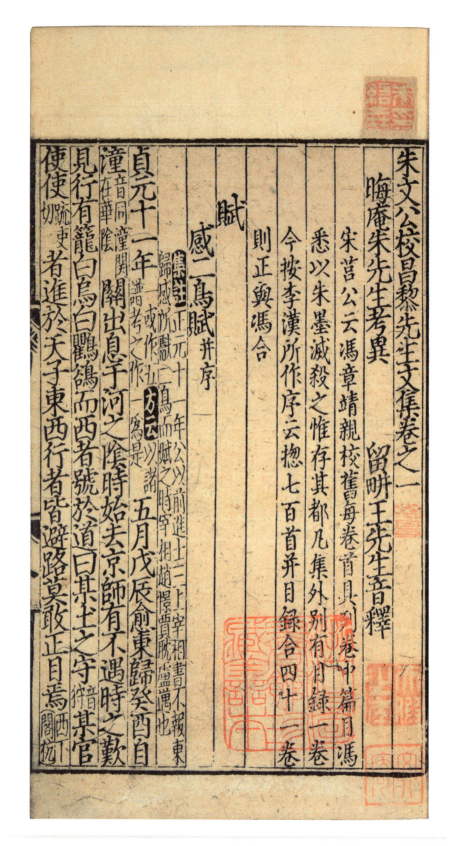

08754-08757 朱文公校昌黎先生文集四十卷外集十卷遺文一卷 （唐）韓愈撰 （宋）朱熹

考异 （宋）王伯大音釋 **傳一卷** 明正統十三年（1448）書林王宗玉刻本

匡高19.8厘米，廣12.9厘米。半葉十三行，行二十三字，小字雙行同，黑口，四周雙邊。浙江圖書

館、浙江省瑞安市文物館、河北大學圖書館藏；鎮江市圖書館藏，康有爲跋，存四十一卷。

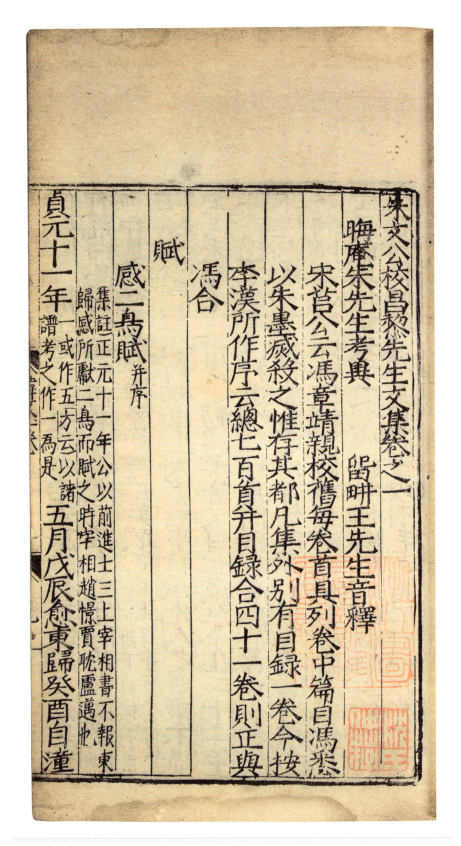

08758、08759 朱文公校昌黎先生文集四十卷外集十卷遺文一卷 （唐）韓愈撰 （宋）朱熹

考異 （宋）王伯大音釋 傳一卷 明嘉靖十三年（1534）安正書堂刻本

匡高18.8厘米，廣12.9厘米。半葉十行，行二十四字，小字雙行同，白口，四周雙邊。浙江圖書館、
天津圖書館藏。

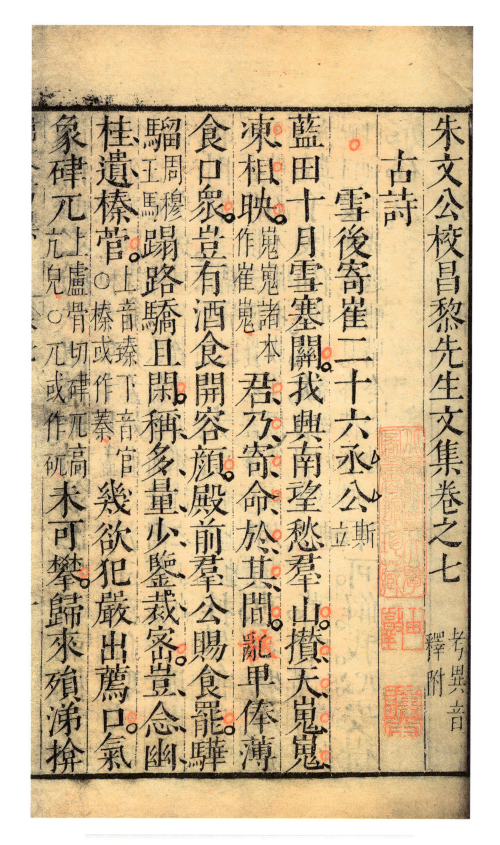

08760 朱文公校昌黎先生文集四十卷外集十卷遺文一卷 （唐）韓愈撰 （宋）朱熹考异 （宋）王伯大音釋 **傳一卷** 明萬曆間朱崇沐刻本
匡高21.7厘米，廣14.6厘米。半葉九行，行十八字，小字雙行同，白口，四周單邊。有"由敦"、"謹堂"等印。方苞批，汪由敦校幷録何焯評。北京師範大學圖書館藏。

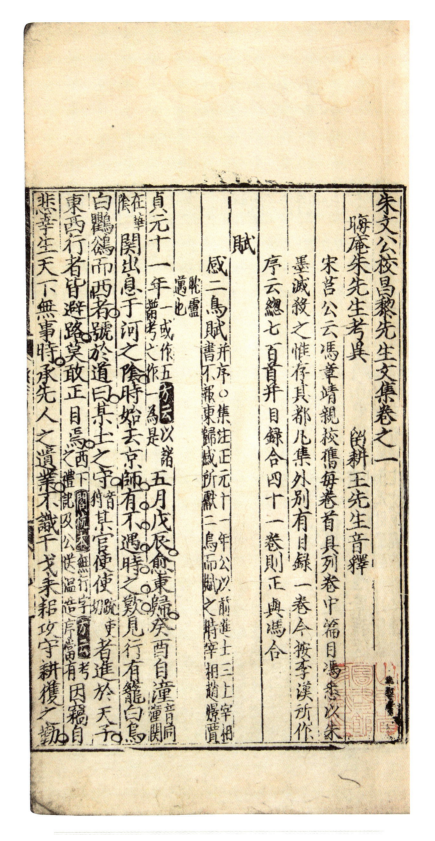

08761 朱文公校昌黎先生文集二十卷外集一卷遺文一卷 （唐）韓愈撰 （宋）朱熹考异 （宋）王伯大音釋 傳一卷 明弘治十五年（1502）王氏善敬書堂刻本

匡高19.3厘米，廣13.2厘米。半葉十三行，行二十六字，小字雙行同，黑口，四周雙邊。山東省圖書館藏。

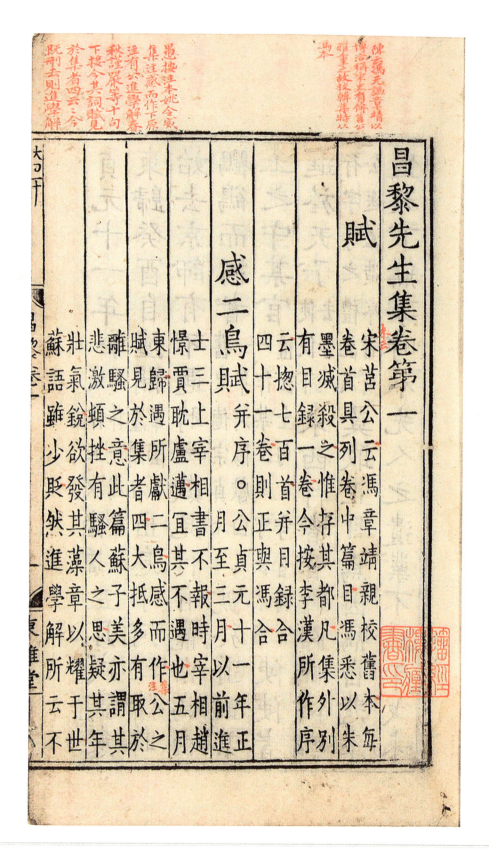

08762、08763 昌黎先生集四十卷外集十卷遺文一卷 （唐）韓愈撰 （宋）廖瑩中校正　**朱子校昌黎先生集傳一卷** 明

徐氏東雅堂刻本

匡高20.8厘米，廣13.6厘米。半葉九行，行十七字，小字雙行同，細黑口，四周雙邊。有"東吳徐氏刻梓家塾"牌記。浙江省瑞

安市文物館藏，方成珪批校幷跋又録何焯、陳少章、王星齋等批校；吉林大學圖書館藏，張瑋過録何焯、陳景雲、姚范校勘，查

慎行、方苞評點。

韓文公文抄卷之一

進撰平淮西碑文表

臣某言伏奉正月十四日勅牒以收復淮西羣臣請

不獨碑文冠當時而表尤壯

刻石紀功明示天下爲將來法式陛下推勞臣下兄

其志願使臣撰平淮西碑文者聞命震駭心識顚倒

非其所任爲愧爲恐經涉旬月不敢措手竊惟自古

神聖之君既立殊功異德卓絶之跡必有奇能博辯

之士爲時而生持簡操筆從而寫之各有品章條貫

韓

文

卷

一

一

08764-08766 韓文公文抄十六卷 〔唐〕韓愈撰 〔明〕茅坤評 明刻

朱墨套印本

匡高20.9厘米，廣13.9厘米。半葉九行，行二十字，白口，四周單邊。故宮
博物院、天津圖書館、東北師範大學圖書館藏。

昌黎先生詩集注卷第一

長洲顧　嗣立　俠君　刪補

古詩三十一首

元和聖德詩并序

嗣立補注唐書憲宗皇帝紀帝順宗長子永貞元年八月詔立為皇帝乙巳即位癸卯劒南西川行軍司馬劉闢自稱留後十一月壬申夏綏銀節度留後楊惠琳反元和元年三月辛巳惠琳伏誅九月辛亥克成都十月戊子闢伏誅二年正月己丑朝獻于太清宮庚寅朝享于太廟辛卯有事于南郊大赦

臣愈頓首再拜言曰臣伏見皇帝陛下即位已來誅流姦臣〔嗣立補注舊唐書順宗紀八月庚子詔冊皇太子即皇帝位壬寅闢自稱留後十一月即貶右散騎常侍王任為開州司馬前戶部侍郎度支鹽鐵轉運使王叔文為渝州司戶憲宗紀八月即位九月即貶韓泰等為諸州刺史十一月貶中書侍郎平章事韋執誼為崖州司馬〕朝廷清明無

有欺蔽外斬楊惠琳劉闢以牧夏蜀東定青徐積年

秀野草堂

昌黎詩集注卷一

08767　昌黎先生詩集注十一卷　（清）顧嗣立刪補　年譜一卷　清康熙三十八年（1699）顧氏秀野草堂刻本

匡高19.5厘米，廣15.1厘米。半葉十一行，行二十字，小字雙行三十字，白口，左右雙邊。張問陶批校。浙江圖書館藏。